图书在版编目（ＣＩＰ）数据

画家赵星 / 厦门市文学艺术界联合会编. -- 北京 ：
中国文史出版社，2024.6
（厦门文学艺术人物系列专辑）
ISBN 978 7-5205-4659-1

Ⅰ．①画… Ⅱ．①厦… Ⅲ．①赵星－事迹 Ⅳ.
①K825.72

中国国家版本馆CIP数据核字(2024)第081327号

责任编辑：刘华夏
小传撰稿：陈元麟

出版发行：**中国文史出版社**

社　　址：北京市海淀区西八里庄路69号院　　邮编：100142
电　　话：010－81136606　81136602　81136603　81136605（发行部）
传　　真：010－81136655
印　　装：厦门中天华成文化传媒有限公司
经　　销：全国新华书店
开　　本：787mm×1092mm　1/16
印　　张：11.5
字　　数：135 千字
版　　次：2024年8月北京第1版
印　　次：2024年8月第1次印刷
定　　价：90.00元

总序

素有"海上花园"之称的厦门四季如春，人文荟萃。

中华人民共和国成立以来，尤其是建设经济特区以来，厦门市委、市政府一手抓经济建设，一手抓文化建设，全市文艺事业生机勃勃、硕果累累，文学、戏剧、电影、电视、音乐、舞蹈、美术、摄影、书法、曲艺及民间文艺等领域，呈现繁花似锦、姹紫嫣红的生动局面，涌现出许多优秀作家、艺术家。这些文艺界代表人物对厦门的文艺事业做出过积极贡献，产生过积极影响，为厦门文化建设注入了丰富的内涵，是不可多得的文化资源和精神财富。

为了进一步贯彻落实党的文艺方针政策，传承与发展厦门市文艺事业，推动厦门文化大发展大繁荣，厦门市文联决定编辑出版《厦门文学艺术人物系列专辑》，以音像和图文记录的方式，生动再现厦门文艺界代表人物的亮丽风采，总结他们毕生从事文艺创作的宝贵经验。

我们希望，这套系列专辑的出版发行，能让更多的人近距离、多视角地了解厦门文艺事业的发展，更亲切地感受厦门文艺界人物的无私奉献和辛勤努力。

我们相信，先人匠心独运的艺术创造将成为后人的精神资源，前辈攀登的高峰将成为后辈接力前行的起点。

江山代有才人出，我们正经历着一个伟大的时代，而伟大的时代又必然催生伟大的文学艺术作品和优秀的作家、艺术家。一切有理想有抱负的文艺工作者，都要担起时代赋予的神圣使命，更加自觉、更加主动地追求德艺双馨，更好地履行"人类灵魂工程师"的神圣职责，积极投身于高质量的厦门建设，努力创作出无愧于我们这个朝气蓬勃时代的精品力作。

《厦门文学艺术人物系列专辑》编委会

目录

第五辑 附录

第一辑　小传

　　赵星，1960年生于北京。1976年中学毕业后赴陇南山区插队。1977年春季考入西北师大美术系国画专业，毕业后历任甘肃日报社美术编辑、厦门文学杂志社美术编辑、厦门书画院院长、厦门市美协副主席、福建省美协常务理事及中国人物画艺委会副主任、集美大学美术学院客座教授、中国美协会员，厦门市专业技术拔尖人才，一级美术师。

　　作品连续参加第六、第七、第八、第九、十届全国美展。获"当代中国青年美展"优秀奖、"甘肃省首届连环画评奖"绘画一等奖、甘肃省美展一等奖、福建省第三届书画节金奖、厦门文艺奖一等奖。入选"全国文学插图艺术展""新中国美术家系列——福建作品展"、第五届全国画院美术作品展、第十一届中国艺术节全国优秀美术作品展、"致广大而尽精微——赵星写意人物展"等展览。十五集写意人物画教学节目"一日一画"在央视书画频道播出。作品被中国美术馆、甘肃省美术馆、福建省美术馆等官方艺术专业机构收藏。出版有《赵星画集》等多部个人画集。被全国近30家美术专业出版社联合提名为"100位最具影响力的国画家"。

引 子

1960年初夏，华灯初上时分。一个身材魁梧的北方大汉，一边提着旅行包，一边搀扶着一位即将临盆的孕妇，缓缓走出熙熙攘攘的北京站。

这一对来自遥远的甘肃定西的年轻夫妇，经历了几天长途跋涉，显然十分疲惫。男的名叫赵箴泉，北京人。几年前从河北林业学院毕业后，响应党的号召，到条件艰苦的甘肃省定西县工作。130多年前，清朝陕甘总督左宗棠一声叹息"陇中苦瘠甲于天下"，说的便是定西。

女的名叫吴秀玉，老家甘肃临夏，1957年毕业于西北师范学校（1958年改名为甘肃师范大学，1981年复名为西北师范学院，1988年改名为西北师范大学）美术系，是个初出茅庐的美术工作者。1958年，赵箴泉赴省会兰州筹办林业展览，吴秀玉正好也参与展览设计。原先生活在不同轨道的陌生人，因这一个偶然的机缘相遇了，而且一见钟情，很快就结为终身伴侣。

吴秀玉怀孕时正逢国家困难时期，温饱已经成问题，如何养得起刚出生的孩子？况且，夫妻俩都得上班，孩子生下来谁来带？小两口儿商量了一下，决定还是求助北京的两位长辈。毕竟，相对于大西北，首都北京的物质供应会好些。于是，小两口儿赶在预产期到来之前，回到北京。

几天后，一名男婴呱呱坠地了。全家人沉浸在一片欢乐之中，刚出生的孩子取名赵星，那是赵家的希望之星啊！

▲ 4岁时，与父母在京合影

从北京到陇南

休假期满，年轻的父母咬咬牙、狠狠心，将襁褓之中的小赵星丢给老两口儿，踏上西去的列车回定西去了。

此后整整六年间，小赵星都和爷爷奶奶相依为命。爷爷奶奶把他们的爱全部给了赵星。

爷爷文化程度较高，曾是店铺掌柜，待人诚恳，做事认真。奶奶粗通文字，勤劳本分。在爷爷奶奶的熏陶下，赵星渐渐地懂得了做人的道理。他至今还记得爷爷曾经讲过小时候当学徒的经历，老板为了测试他的诚信度，曾几次故意扔几枚铜钱在房屋的角落里，爷爷每次扫地都一一捡起来，交给老板。爷爷还告诉他，做人一定要仗义，遇到难处要敢于承担，而不是推诿，答应人的事一定要做到等，这些教诲一直影响着赵星。

直到六岁之前，赵星和父母都没见过几回面，印象并不深。只知道妈妈是个画家，仅此而已。看见胡同里的小伙伴们在妈妈怀里撒娇，他总是投过去羡慕的目光。而远在大西北的吴秀玉，又何尝不在思念儿子呢？那份无奈、那份痛苦时时刻刻都像刀一样剜着自己的心，那毕竟是自己身上掉下的肉啊！然而，她对儿子的绵绵思念和全部的爱，只能寄托在每月一张寄往北京的薄薄的汇款单上。

1966年初夏，赵星终于盼来了久违的父母。这回，他们是来接小赵星回甘肃的。因为孩子已经到了上学的年纪，但他的户口按规定只能随父母，在北京没户口，上不了学，自然得回甘肃。

开始，赵星很高兴，终于能和父母在一起了，但等到真的要离开朝夕相处的爷爷奶奶时，他又不想走了。几天后，父母亲领着第一次出远门的赵星来到北京站，正要进站时，赵星反悔了，突然挣开妈妈牵着的手，直往后退缩。

"怎么啦？"妈妈问。

"肚子疼！"赵星揉着腹部答道。

爸爸当即陪他上厕所，好一会儿，赵星还在里面磨磨蹭蹭不肯出来。此时，爸爸已经识破了小家伙耍的花招，便不容分说，将他生拉硬拽地推进检票口。

这回，列车的目的地不是定西，而是陇南山区的武都。原来，父母已经双双被调到武都林业处工作了。

武都是一座有着千年历史的古城，它地处秦巴山地接合部，素有"巴蜀咽喉""秦陇锁钥"之称，是甘肃、陕西、四川三省交通要道。是秦人的发祥地、中国古代西部民族氐人和羌人活动的核心地区，文县白马人被誉为东亚最古老的部族。

初次来到陇南山区，赵星充满了新鲜感，到处走走看看。但没几天就腻了，觉得这座"山比云高，水比城高，人比门高"的武都城一点都不好玩。这里没有北京城好玩，没有宽阔的长街，没有熙熙攘攘的人群，没有幽深的胡同，没有好吃的糖葫芦、豆汁儿和油条。尤其是当地的土话生硬难懂，而邻居小朋友们也听不懂他满口儿化音的京腔京调。好多天了，他都没找到玩伴，便将自己关在家中。在家中，他想找玩具来玩，却意外地发现母亲床底下有一个以前装炸药的木箱，里面装满了各种报刊、杂志和图书。其中的两本连环画《白毛女》和莫泊桑的《项链》，让他爱不释手。他似懂非懂地对书中主人翁的遭遇产生了悲悯之心，也深深地喜欢上书中的人物造型。或许，这就是他后来画连环画、继而专攻中国人物画的动因吧。

父母在离家不远的武都城关二小为赵星报了名。当他背着小书包到学校报到时，老师却让他回家，说是"停课闹革命"了！

赵星一天课也没上，又被父母送回北京了。母亲担心他无所事事，就要求他学画画，临回陇南前，给他下达任务：每天必须临摹一幅线描，让爷爷监督。也许是遗传了画家妈妈的基因，赵星对画画特别有兴趣和天赋。在他幼小的心灵里，画家是世界上最了不起的人，一支画笔、七种颜料，便能够造出个缤纷的世界。临摹线描时，他特别安静、专心，特别认真，根本不用爷爷督促。渐渐地，他对毛笔的用法有了一定的掌握，对线描也有了初步的认识。

　　1968年春,赵星被接回武都,一天课也没上过,就直接上三年级了。此时,政治运动还在轰轰烈烈地进行着。旧教材被批倒批臭了,而新的统一教材尚未出炉,老师基本上都不敢管学生,所以教学秩序很是松散。有的同学上课时,居然从窗户跳出去到教室外玩耍,老师也不理会。这段时间,赵星以玩为主,上课就在课堂上涂鸦,他最怕老师半学期时检查课本,因为他的课本总是涂得乱七八糟。幸好老师也不较真儿,睁一眼闭一眼。

　　1973年秋,赵星考进了武都一中。学校仍然很宽松,整天学工学农学语录。曾经有一回,他想念爷爷奶奶了,一去北京三四个月,竟然没人过问。因为取消了考试,所以课业不重,赵星得以专心学画。在那样的年代里,被誉为才女的妈妈,绘画才能没能得到充分的发挥,平时只能画画领袖像,或者布置批判专栏,工作并不紧张,所以有时间教赵星画画。

　　赵星还参加了学校组织的美术小组,巧得很,指导老师正是妈妈的校友颉平海。上小学那会儿,妈妈就曾经带他拜见过颉老师。在他童年的印象里,颉老师有着一支神奇的画笔,寥寥几笔,就能勾勒出生动的形象。这对生性木讷、不善言辞的赵星很有吸引力,他总是想,如果自己也能够用画笔来表达内心的感受该有多好!在颉老师的启蒙下,他开始学习中国画的入门技法,画花鸟、画山水、画人物。当然,他最喜爱的还是人物。

　　聪明乖巧的赵星很得敦厚善良的颉老师疼爱,以往每次在街头遇到,颉老师总会从口袋里摸出几颗糖给他。这回正式成为自己的学生,自然会格外用心教他,让他加入美术小组,与全校爱好美术的同学一起,利用课外时间学习绘画。赵星也暗暗立志:长大也要成为像颉老师和妈妈那样的画家。随着对绘画的兴趣越来越浓,赵星的绘画技巧也越来越娴熟,学校出墙报、专栏,总离不开赵星。

▲ 70年代的武都一中

角色转换

▲ 赵星的知青岁月

▲ 赵星（左一）在知青点写生

1976年早春，赵星中学毕业了，和众多的知识青年一样，他奔赴陇南山区武都县东江公社东江水大队插队落户。和他一同前往的有6个女生8个男生，一共14位同学。

大队在当地山坡上建起一排平房，让知青们入住。还牵来一头猫一样的猪，说是让知青养，作为副业。按有关规定，知青第一年十来块补贴，第二年起补贴取消，和农民一样赚工分。刚开始，在城里待腻了的知青们，都很激动，都想好好接受贫下中农再教育，干出一番成绩来，所谓"修理地球，其乐无穷"。但兴奋劲过后，大家都陷入了沉思，读了这么多年的书，却来这里从事简单的农活，值得吗？贫下中农能教育我们什么？至于我们的前途在哪里，谁都没有交代过。艰苦的环境并不可怕，可怕的是看不到自己的出路！

不久，赵星就发现，想多了也是白搭，索性什么也不去想。他后来在一篇文章中回忆这段生活时，这样写道："无论白天的农活多么辛苦，但每次收工回来，天幕上布满繁星的时候，借着昏暗的灯光，伙伴们便有人在认真看书学习，有人在低沉的二胡声中轻轻吟唱，而我则拿起画笔沉浸在自己的理想世界里。"

渐渐地，他的绘画专长在公社和县城都传开了，于是，时不时就被借调出去出墙报、编专栏、办展览。这阶段不仅不用下田，而且在招待所里管吃管住，赵星倍感荣耀，更增强了学画的信心和决心。他想，"天生我材必有用"，即便将来留在农村，就是当个农民画家也行啊！

不久，刚满16岁的赵星，被武都县文化馆选拔参加了美术创作培训班。在培训班里，他创作了一幅中国画《养猪姑娘》，想不到一炮打响，作品入选甘肃省美展，还发表在《甘肃日报》上，这在全省轰动一时。

一年很快过去了。1977年春，国家宣布了一项重大决定：恢复高考制度！赵星仿佛看到了一丝希望的亮光，他希望成为母亲的校友，于是积极复习功课，准备应对考试。当时全国的美术院校不多，却有两三万人考美术。因为高考停了整整10年，报考的人年龄相差在一二十岁之间。有些甚至是老师辈的考生，已经从事美术工作多年，早已成名。赵星对自己是否能在如林的强手之中脱颖而出，实在没有把握。

颉老师一直给赵星打气，他凭着多年的教学经验，在素描和创作方面对赵星进行突击训练。

赵星回到乡下，惴惴不安地等待着结果。正当他几乎无望的时候，一个振奋人心的消息传来：赵星同学被西北师范学院（西北师范大学前身）美术系录取了！他终于如愿以偿，完成了从插队知青到大学生的角色转换，而且成为母亲的校友。

西北师范学院是一所历史悠久的名校，前身是1902年创立的京师大学堂师范馆，它开创了中国现代高等师范教育的先河。抗战爆发后，几经周折，学校由北京迁往西安，更名为国立西北师范学院，1941年奉命迁至兰州。1958年改为甘肃师范大学，1981年复名西北师范学院。著名艺术家常书鸿、文艺理论家洪毅然、油画家吕斯百、国画家黄胄等美术界泰斗，都曾经在美术系任教。

赵星小时候随父母去过兰州，但印象并不深。他按图索骥，很快就找到新生接待站。刚刚经历了动乱的学校，一切都还没进入正常状态。6个人挤在一间狭窄的宿舍里，同学不仅年龄差距大，而且成分复杂，除了插队知青和应届毕业生

▲ 1978年，赵星（左四）和同学们在敦煌莫高窟接受常书鸿先生指导

外，还有教师、干部、军人、职工等。历尽沧桑的老师们，或者刚从"牛棚"解放归来，或者刚从下放的农村重返教学岗位。从四面八方会聚在一起的师生们，都觉得当下这一切来之不易，应当好好珍惜。学生们刻苦好学，老师们认真教学。夜晚，学校图书馆、阅览室，甚至餐厅里，到处可见埋头读书的身影。

　　入学第二年，赵星被美术系选中赴敦煌实习。说是实习，实际上是奉命参加复制敦煌壁画作品的重要工作。这项工作是被誉为"敦煌莫高窟的保护神"常书鸿先生倡导的，得到了国家的支持。

　　常先生把他的一生奉献给了敦煌艺术。1943年，在法国留学的常书鸿对敦煌艺术产生了浓厚的兴趣，于是毅然回国，自告奋勇到敦煌工作。几十年间，他经历了妻离子散、家破人亡的种种不幸和打击，克服了难以想象的困难，仍然义无反顾，始终如一地将敦煌的保护、研究和对外宣传工作视为己任，成为中国敦煌石窟艺术保护与研究的先驱。1977年，刚获得平反，恢复了敦煌文物研究所所长职务的常先生上任伊始，就提出组织艺术人才复制一批艺术品，为敦煌壁画出国展出做准备。赵星有幸成为这项大工程的参与者，心中五味杂陈，他为自己能在艺术大师指导下工作而兴奋不已，又因不知道自己的能力是否可以胜任而倍感紧张。

　　虽然敦煌受到国家保护，但由于"文革"刚结束，百废待兴，经费严重不足，条件颇为艰苦。赵星全然没有想到，如此重要的艺术宝库，设施之简陋让人大跌眼镜。他走近一个洞窟，赫然发现门板居然是烂木头做的！刚推开门板，忽然呼啦啦地窜出一群鸽子，这些小精灵居然在洞里做窝。

赵星领受的任务是与其他几位同学一起复制一幅宽150厘米、长350厘米的大作品。要求必须客观临摹，不能复原临摹，这意味着即便原画掉了皮，掉了色，也必须原汁原味地临摹，而不能加以修饰。

对于赵星来说，技术的难度和过程的艰辛并不算什么，因为扎实的绘画童子功，使他得心应手。提前完成了大作品的临摹任务后，他还抽出时间到其他洞窟去临摹一些自己喜欢的壁画。三个月的临摹工作，收获颇丰。他不仅对敦煌壁画线的运用、传统造型、变形夸张、图案装饰性，都有所认识和掌握，而且还了解了敦煌的故事传说，以及佛教的相关知识，加深了对作品内涵的理解。

敦煌地处偏远，气候干燥，昼夜温差大，风沙大，生活环境恶劣，这些对于长期在西北长大的赵星算不了什么。最让他感到难熬的是，经常处于饥饿状态。男同学正是年轻力壮的时候，但三餐都吃不饱，幸好总有女同学匀给男同学，总算可以克服。最难受的是缺油寡

▲ 大学一年级时，赵星（左三）与同学们在阿克塞进行艺术实践

▲ 大学一年级时，赵星在敦煌临摹壁画

▲ 上大学时，回北京看望爷爷奶奶

腥，三餐都是老三样：萝卜、土豆、白菜。有一天，几个男同学走过猪圈，顿时心生歹念，他们找来一些安眠药，塞进馒头里给猪吃，想弄死它，好让食堂宰了吃。第二天，当他们满怀希望地走向猪圈，还没靠近，就听得那猪鼾声如雷，正睡得很香呢。原来，安眠药剂量下得不足。

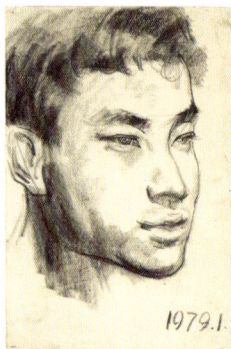

▲ 1979年，赵星的恩师杨国　▲ 大学时的赵星　　　▲ 2023年夏，看望恩师杨国光先生
　光先生为他画的像

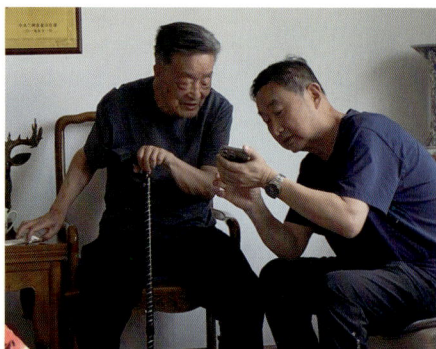

　　上学之前，父母亲再三叮嘱：大学期间不能谈恋爱。赵星听进去了，整整三年都做到了心无旁骛，全身心投入学业之中。在学校里，老师们对他的帮助和启发都很大，让赵星印象最深的是一位名叫杨国光的老师。杨老师原是西安美术学院的教师，因为照顾家庭，申请调来老家兰州，在西北师院美术系任教。他的素描、速写技术过硬，也很重视学生在这方面的学习和训练。他总是说，一个画家的整体感好不好，关乎他在绘画专业上是否有发展前途。画速写、素描，一定要注意人物造型、结构、整体感等，不能老盯着细节，没有全局的考虑，细节再好也不行。

　　上素描速写课时，同学们流传着一段顺口溜"素描第一步，抢占好角度"，充分说明角度很重要。上课时，一二十个学生围着一位模特画，好的角度没有几个。开始，赵星也和同学们一样，早早进教室，抢占好的位置。后来，赵星意识到，在角度差、难度大的情况下能够画好，才能得到真正的锻炼。素描和速写讲透视，画铅笔时，当笔尖对着你的时候，怎么画出来，这就考验你的技术了。

　　想通了这一点，赵星就释然了。他想，学习是为了提高自己真实的造型能力，不是应付考试，应该知难而进。于是，每一次上素描速写课，他总是有意挑战自己，不再介意角度的选择，先让其他人去抢位置，自己最后才进教室，顺其自然，遇到什么角度，就坐下来画。此外，课余时间，他还经常邀几位同学到农村去写生。由于勤奋好学，赵星的素描速写作业经常受到老师表扬，有的还被学校留下作为范本。

省报美编

时间来到80年代后，赵星的生命之舟，仿佛从一段狭窄的峡谷，驶入了宽阔的河床。此时的他，并没有意识到，人生无限美妙的画卷即将在他的面前徐徐展开。

1981年初夏，结束了大学四年的学习生活，赵星和同学们正面临着毕业分配。这一届毕业生，集中了多年的艺术人才，分配到好单位一点问题都没有，对此，系领导信心满满。尤其是品学兼优的赵星，毕业时间还没到，甘肃日报社就已经指名道姓要他了。几年来，他的速写、插图等作品常常在省报发表，在读者中有一定影响。报社一名美编的名额当然非他莫属。

但是，天有不测风云，此时凭空而降的一纸公文，像一记闷棍，把师生们都打蒙了。来自上级人事部门的文件规定，本届毕业生必须遵循一个原则：从哪里来到哪里去。

这个规定意味着，来自陇南乡下的赵星，毕业后必须回到陇南去。时任系主任的陈兴华先生，是著名的艺术家，也是老革命，曾经参加过抗美援朝。他的志愿军战地速写作品，曾在美术界引起轰动。陈先生对人事部门的规定很不以为然，他认为，学校好不容易才培养出这些精英，一旦按规定回到原地，用非所学，大部分人的才华会被毁掉。因此，当甘肃日报社领导和美术系沟通时，陈先生与系党总支书记党伯明及其他科任老师顶着巨大的压力，一致表示，赵星同学去甘肃日报社最合适。在赵星

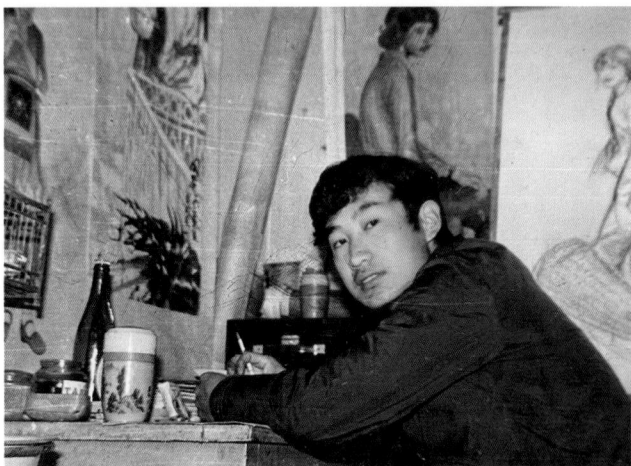

▲ 80年代初，赵星大学毕业后走上《甘肃日报》编辑岗位

毕业分配单上，陈先生大笔一挥，写下"同意"二字，然后郑重地签上自己的名字。

一个月后，当赵星踏上报社大楼前面那又长又宽的台阶时，感觉自己已经登上了可以俯瞰一切的平台。

报社安排锅炉房边的一间宿舍给他，他和锅炉工成了室友。宿舍之破旧简陋，令人不可置信。被烟灰熏得黑乎乎的墙面，坑坑洼洼的地面，并没有让处于亢奋状态的赵星滋生丝毫沮丧，他知道万事开头难，这个机会来之不易，一定要在新的岗位上干出一番名堂来。于是，他在配发的水泥板上，铺上几张旧报纸，总算有了一个可供工作和创作的平台。

就这样，赵星开始了在省报忙忙碌碌的美编工作。他要负责每天报纸的报头、题图、插图，甚至尾花的设计，质量要求高，时间紧，往往是下午刚布置，晚上就得交稿。赵星凭借着速写和线描的基础，每次都又快又好地完成了任务。在这种紧张的状态下，倒逼出赵星练就了一身看家本领，他线条运用、速写和默写能力迅速提升，为他今后的创作打下了很好的基础。

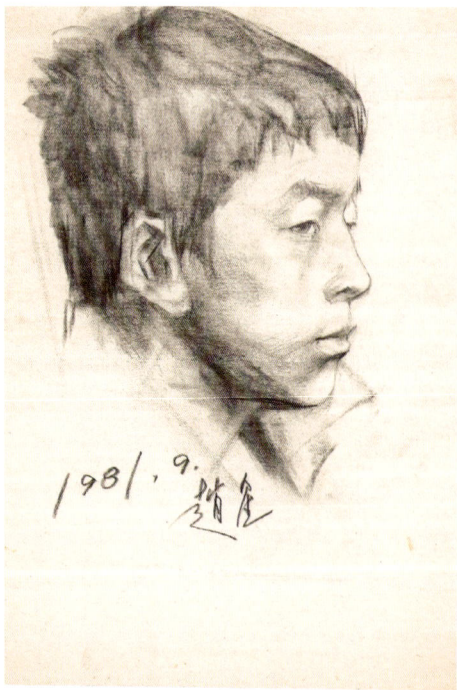

▲ 1981年，速写头像

▲ 1981年，赵星的素描作品

报社里汇集了著名版画家耿汉、苏朗，字体专家牟紫东，作家玄承东等甘肃文化精英。他们在勤奋好学、才华出众的赵星身上，看到了自己当年的影子，都和他成了忘年交，并时时给予他指导和帮助。尤其是玄承东，赵星受他的影响最深。

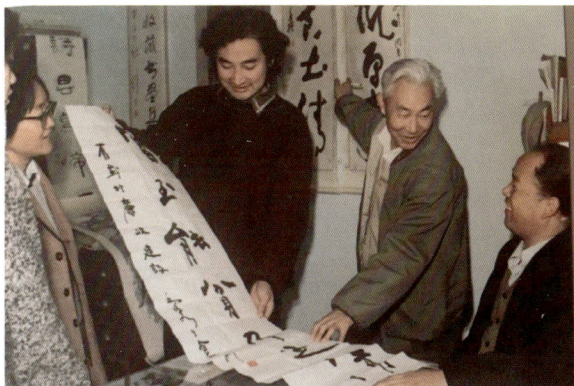

▲ 赵星（右三）在甘肃日报社工作时和同事审看稿件

赵星是在第二次分配宿舍时，认识这位新室友的。第一次见面，赵星和他打招呼，他爱理不理，一副高冷的样子。

入秋的一天，赵星正整理床铺，玄承东忽然走了过来，摸了摸赵星的床铺，说道："不行，天凉了，你的

▲ 1988年，插图《掩埋烈士遗体的人》

被褥太薄了！"随即折回将自己床上的一张褥子抽出扔给赵星。

接触久了，赵星才发现，老玄这个人其实是外冷内热。在他的影响下，赵星如饥似渴地阅读了很多中外名著。每读完一部，他都会和老玄交流阅读心得，渐渐地，他的阅读能力得到了较大的提高，对文学经典的理解也日趋深刻。这为他日后艺术创作水平的提升，奠定了扎实的基础。

工作之余，赵星开始了艺术创作。恰好是这个时候，一份后来成为中国最具影响力的期刊《读者文摘》（后改名为《读者》），就在甘肃日报社隔壁的甘肃人民出版社诞生了。报社与读者文摘杂志社仅有一墙之隔。由于工作的性质和自己对插图的偏爱，他与这本杂志结下了不解之缘。擅长插图的赵星很快成了它的重点作者，要知道，能为《读者文摘》画插图的作者，都是国内屈指可数的插图高手。

▲ 1988年11月，为《读者文摘》创作的插图《为什么要生孩子》

▲ 1990年，为《读者文摘》创作的插图

和报社一样，《读者文摘》杂志的插图约稿往往都要得很急，赵星平时积累的速写功底又派上了用场。

除了插图外，赵星也开始从事连环画的创作。他和连环画有着不解之缘，最初阅读就是从看连环画开始；学绘画，也是从临摹连环画起步的。他很喜欢著名画家贺友直的作品，尤其是连环画《山乡巨变》，那浓郁的生活气息，精彩的艺术构图和生动的人物造型，尤其是高超的线描技艺，让他佩服得五体投地。

1984年，他凭着自己娴熟的线描功底，与人合作连环画《军长之路》，想不到一炮打响，作品入选第六届全国美展。

机会是留给有准备的人的。1984年，属于赵星的机会终于来了，甘肃人民出版社向他约稿，让他根据藏族民间故事《蛇王洞》创作连环画。他高兴坏了，立即投入创作前的准备工作，先是到图书馆找寻了许多资料，而后还跑到藏区采风，体验生活。每天下班后，伏在宿舍里那块水泥板铺就的平台上开始创作。从此，他有空就应一些报刊和出版社之邀，创作插图和连环画。

几年下来，佳绩连连：1984年，他独立创作的首部连环画《蛇王洞》出版并获"甘肃省首届连环画评奖"绘画一等奖（31年以后的2016年，西藏藏文古籍出版社将这部连环画翻译成藏文再版，赵星无偿授权出版）；1986年，彩墨插图《麦客》入选在北京中国美术馆举办的"全国文学插图艺术展"；1989年，彩墨插图《风雨草地边》入选第七届全国美展并荣获甘肃省美展一等奖。

　　赵星在美术界出名了，1991年，刚满31岁的赵星当选为甘肃省美协理事、甘肃省青联五届常委；被聘为甘肃画院院外画家。1992年，加入中国美术家协会。

▲ 1987年，插图《秦木匠的包袱》

▲ 插图《红色披肩》

▲ 1986年，彩墨插图《麦客》入选"全国文学插图艺术展"

▲ 1989年，彩墨插图《风雨草地边》之一（左，38cm×42cm）、之二（右，38cm×42cm）入选第七届全国美展，并获甘肃省美展一等奖

华丽转身

尽管在插图和连环画领域里做得风生水起，赵星还是忘不了他挚爱的中国人物画。对他触动最大的是著名画家黄胄先生的一次到访。

一天，黄胄偕夫人造访甘肃日报社。大师到来，免不了要留下墨宝。赵星第一次这么近距离地观摩景仰已久的大师作画，心中激动无比。只见黄胄先生沉吟片刻，便挥毫作画。他落笔稳、准、狠，寥寥几笔，栩栩如生的人物形象便跃然纸上。赵星脑海里顿时浮现谢赫《六法论》中的"气韵生动"四个字。他想，自己过去作画，只停留在刻画人物形象上，追求造型准确，还谈不上气韵生动。这次目睹大师作画，才对"气韵"二字有所领悟。

正遐想间，会议室里忽然掌声雷动，原来，大师已经一口气画完三幅，除了送给报社外，其他两幅分别送给省报旗下的《甘肃农民报》和《少年文史报》。

这一次现场观摩，对赵星触动很大。他开始思考自己今后创作的方向。他想，虽然插图和连环画都是绘画的种类，但它毕竟依附于文学作品而存在，只有中国画才是能够真正抒发自己情感的一门纯粹的艺术形式。今后的创作，应该转向自己最喜爱的中国画。但是，这种转向谈何容易。

他在一篇文章中这样写道："其实从素描、工笔画的画法转变到写意画还是很不容易的，即便有造型、构图的功底，用水墨语言表现作品又是另一回事。"要迅速提高笔墨技能，在创作时做到写意、写实兼具，确实难度挺高。但是，对于赵星来说，难度越高，越有挑战性，越有成就感。

在那次现场作画时，黄胄先生谈到实践和生活对艺术的重要性，他说，感悟来自生活，作品才能生动。赵星顿时明白了这位艺术泰斗之所以下笔如有神的奥秘所在。是的，一个艺术家能够在生活中找到创作源泉，不间断地获取丰富营养，其艺术创作状态一定是旺盛的，其艺术作品一定具有鲜活的生命力与独特的表现性。

城市充满了喧嚣和浮躁，赵星唯恐自己对艺术的梦想和灵感的源泉被其吞噬，多年来，他养成了一个习惯，一有空闲，就背起行囊奔向雪山、草原、大

漠、荒野。他所理解的深入生活，
并不是如时下的人所理解的那样：
在豪华酒店住下，然后到一些景点
走马观花似的逛一圈，浮光掠影一
般画几幅写生，拍几张照片。他往
往喜欢到一般人很难去的野山老
林、草甸深处，与老农闲聊，与牧
羊人对话。他说，只有在那里，才
能调动起悲悯情怀，点燃创作的
激情。当然，有时，跋涉上千公
里，也一无所获，摩擦不出创作
的火花，而无功而返的情况亦不
在少数。

▲ 1989年，赴云南前线体验生活

　　20世纪80年代以来，西方艺术
思潮奔涌而来，五花八门的各种试
验令人眼花缭乱。但是，赵星坚持
走一条"出新意于法度之中"的路
子，即不越出中国画的范畴来进行
探索。他没有像有些人那样，企图
在绘画的工具材料或制作技艺上赶
浪潮、爆冷门，而是老老实实地在
用线上下功夫，寻找新的突破。在
他看来，线条的运用具有千变万化

▲ 1994年，中国画《花季》（180cm×190cm）入选第八届全
国美展

的笔墨趣味，是中国绘画的精髓所在。在创作中，他既发挥线条在造型中流畅灵
活、简洁概括的长处，又利用其适于表达节奏、韵律乃至情感意趣的特点，达到
中国绘画所特有的生动性，并逐步形成自己的艺术样貌。

　　赵星凭借着自己的悟性和勤奋，终于在跨进而立之年时，完成了从素描画、
工笔画到写意画的华丽转身。

他的中国画作品大多以西部少数民族为题材。在创作中，赵星没有像一般人那样对少数民族的风土人情做猎奇式的展示和简单化的图解，而是力求表现蕴含在艰难严酷的环境中的生命之光和人格力量，发掘潜藏于粗犷彪悍的表象内那不受世俗污染的真情与美感。他常常将人物置身于特定情境之中加以描绘，抓住景物中那些能唤起特定情感的特征以调动读者的想象，发挥意境的感人力量。因此，在《母与子》中，怀抱婴儿的少妇与回眸凝视幼犊的母牛放在同一画面，分明是对母爱的礼赞；《红云》中那占据大半个画面的车轱辘和《门》中那扇半启的古老门扉，令人对历史与人的关系浮想联翩；《海子水》与《池畔》表现的虽然都是少数民族妇女梳洗的场景，但意境却各有千秋。前者以浓烈鲜艳的红叶衬托了藏族少女浴后婀娜的体态；后者则用满池素洁的荷花渲染了傣家姑娘恬静淡然的心绪。总之，赵星能因意因境因时而运用不同的表现手法，力求使人与景的结合更协调，使画面的时空感更充分，使整个作品的意境气氛更有实感。

由于他的作品中常有一种独具匠心的构思和溢出画外的情思，即便在旁人看来或许是平淡无奇的生活小景，日常朴实劳作、休憩的场景，一旦被他收入画中，就立即变成一首温馨隽永的抒情诗。

著名画家吴作人和亚明先生看过赵星的作品后，都给予肯定，认为其画"生活气息浓，有亲和力"，"功底扎实，笔墨出新，章法别致"。

▲ 1990年，在中国画研究院聆听吴作人先生亲切教诲

忠实观众

这一时期，赵星不仅在艺术领域得心应手，在爱情婚姻上也一帆风顺。

由于赵星性格内向，不善交际，1985年，都二十五岁了，还没有女朋友。不仅是父母亲，他的朋友们也都为之着急。别人为赵星介绍过几个姑娘，他一个都没相中。直到

▲ 1984年，赵星与种俐俐在甘南草原

那一次在祁连山下采风，著名画家郭文涛和他灯下把盏谈心，这位忘年交说出一个名字，赵星居然怦然心动了。她就是兰州市歌舞团著名舞蹈演员、大名鼎鼎的种俐俐。

尽管知道种俐俐的大名，也在剧场里和海报上见过她婀娜曼妙的舞姿，但是，当这位体态优雅、气质非凡的姑娘，零距离地出现在赵星面前时，他的心为之震颤：我要找的就是她了！

赵星的出现，也瞬间吸引了种俐俐的眼光：一米八几的大高个儿，目光炯炯有神，头发自然卷曲，仪表堂堂，气度不凡。

在一旁的郭老师也看得出，种俐俐已经露出满意的神色。交谈中，她发现自己比赵星大了将近三岁时，心里又打鼓了，说还要母亲认可才行。

种俐俐的担心显然是多余的，当母亲见到赵星，竟像老熟人似的，交谈甚欢。老人高兴地当着两人的面连连夸赞道："好好好，这孩子不错！"种俐俐欲言又止地说："妈……赵星比我还小三岁，可能不太合适。"哪想到母亲更高兴了："女大三，抱金砖嘛！这不成问题！"

种俐俐在团里排练、演出工作繁忙，回家陪母亲的时间很少。每次周末她都很迟才下班，当她踏着疲惫的脚步回家时，第一眼就看见，赵星已经坐在院子里，陪着他未来的丈母娘聊天多时了。

　　有道是，"丈母娘看女婿，越看越欢喜"。一天，母亲对种俐俐说："赵星第一次来咱家，穿的是一双旧皮鞋，鞋头都有些开口了。说明这孩子踏实可靠，不虚头巴脑的！"

　　瓜熟蒂落，一切都进展得很顺利，两人很快进入谈婚论嫁阶段，婚期选在9月29日种俐俐28岁生日这一天。

　　两位青年艺术家婚后相互理解，种俐俐为赵星的艺术创作提供灵感，赵星也全力支持种俐俐的艺术梦想。

　　1986年，种俐俐与人合作的独舞《伎乐天》准备参加全国第二届舞蹈比赛，舞蹈表现的是敦煌壁画中的乐伎天神。但是种俐俐缺少重要道具——琵琶，赵星凭借他的美术技能和匠心精神，专门打造了一把精美的道具琵琶，并陪她去北京比赛。种俐俐在团里排演节目时，赵星几乎场场必到，以致团里的演职员给他起了一个绰号叫"忠实的观众"。一次彩排，由于音响、服饰等种种原因，不得不常常中途停下重来，以至于彩排从晚上8点一直到第二天早上8点才结束，在观众席上守了整整一夜的赵星，天一亮又精神抖擞地骑自行车上班去了……

　　因为忙于事业，他们没有马上要孩子。五年后的1990年3月10日，他们的女儿赵崇出生了。

　　岁月对于舞蹈演员过于残忍，刚生完孩子的种俐俐心态和体态都发生了巨大变化，重回舞台显然不可能了。但她不甘心放弃舞蹈艺术而从事行政工作，便一边哺育襁褓中的女儿，一边参加全国高考的复习。最终如愿以偿，考上了北京舞蹈学院民族民间舞教育专业。

　　赵星默默地从妻子的怀中接过刚满8个月的女儿，开始了他长达三年的"既当爹来又当娘"的育女生涯。

　　1993年，临近毕业时，学校安排种俐俐去厦门戏曲舞蹈学校（现为厦门艺术学校）实习。这时，厦门市决定在北京舞蹈学院培养的民间舞蹈厦门班的基础上，组建中国第一个专业民间舞艺术表演团——厦门小白鹭民间舞团，与厦门戏剧舞蹈学校实行"团校结合"的新的运行模式。北京舞蹈学院和厦门方面的领导非常希望种俐俐能留下来任教，保住厦门班的成果，开创新的事业。种俐俐动心了，她想，"厦门应该成为我的第二故乡！"

北雁南飞

1994年，种俐俐正式调入厦门戏曲舞蹈学校，任舞蹈科主任。夫妻俩又成了牛郎织女，天各一方。一天，市文化局局长在办公室里抽出一串新房的钥匙对种俐俐说："让赵星赶快调来，钥匙就交给你们。"于是，种俐俐三天两头打电话催丈夫调动工作。

赵星心里却是百般不乐意，自己事业刚刚有了起色，却又要去一个陌生的地方，一切都得从零开始。但是，全力支持妻子的事业，是自己谈恋爱时的承诺呀！去还是不去？他的思想激烈地斗争着。一位好朋友的话让他听进去了："俗话说，树挪死，人挪活，换一个地方说不定会有新的惊喜。"

几个月后，赵星再一次"妇唱夫随"，肩背着行囊，手牵着刚满4岁的小赵崇，坐了两三天火车，辗转来到东南沿海城市厦门。在文艺界朋友的帮助下，他很快找到了新的工作，担任厦门文学杂志社美术编辑，继续干他的老本行。

▲ 1994年，调离兰州时全家合影

从西北大漠来到东南沿海，反差太大的风土人情，让初来乍到的赵星极不习惯。大半年了，他还是无法融入新的生活。厦门温润的风、柔美的岛、喧闹的街市，以及无边的花海，都没有让他沉醉，反而激起他对黄沙大漠刻骨铭心的思念。

赵星很恋旧，当年离开北京到陇南，他时时想着和发小们在胡同里玩闹的日子，很长时间以后，才渐渐习惯。记得刚到武都时，对周边的崇山峻岭很是稀奇，总想登上山顶看看远处是什么。直到有一天攀上了山顶，才发现远处除了山还是山！很快，这周边的高山不再令他好奇，而是感到无比的压抑。他很想插上一双翅膀，想去哪儿就去哪儿。参加工作后，他马上买了一辆可以来去如风的大摩托。刚在厦门安下家，就想到他的坐骑。那时，厦门和兰州之间还没有直达的火车，他就专程回了一趟兰州，将心爱的摩托托运到广州，然后再从广州骑回厦门。谁知摩托尚未上牌，厦门岛内已经开始"禁摩"了，他的"铁翅膀"再也无法自由飞翔，于是开始筹划着买小车。这时，有关部门下达了购买统建房产权的通知，赵星手头仅有一点积蓄，鱼和熊掌不可兼得，他咬咬牙，还是先买车子重要。

好不容易等来假期，赵星便开着新车，直奔千里之外的兰州。老朋友玄承东说赵星每次到兰州，"待不上几天，就开车到山里去了。说采风也好，说搜集素材也罢，反正一头就扎到老乡堆里，抽着烟，喝着茶，古往今来，云里雾里地乱诹（陕甘方言：闲聊的意思）"。

赵星的好友、作家彭中杰发现，"当他身在黄土高原时，心中向往的却是南国水乡、瘴烟蛮雨，为此他只身去西双版纳采风写生，饱览异族情调。赵星那个时期的作品，显得纯净、淡远、轻灵"；当他身在南方时，则"突然迸发出对西北高原的深厚感情，他一年一度，甚至二度奔回甘肃，下甘南藏区，入祁连深处，反复领略西部山川的雄奇壮伟与深沉苍凉"。待"赵星回过头来重新画雪域藏胞和边关戍卒，他所抓住的西部性格正是游牧民族在高天厚土之间生存的孤独感和沧桑感。"因此，彭中杰认为，这种现象表明，赵星"已经走进艺术家的心灵孤独期"，"摆脱了与他人对比的参照式创作方法与思维方式。进入这个阶段，也就是达到了'文章千古事，得失寸心知'的境地，并在这个基础上确立真正的个人风格"。

赵星在这个时期创作的《魂系高原》《昨日秋风入汉关》《昨天的太阳》《风起黄昏》《天涯苦旅》等作品，印证了彭中杰的判断。和之前那些形象清纯、意境悠远的作品相比，这些作品背景更单纯粗犷，人物形象更凝重沉实，意境更深邃厚重。它们的问世，奠定了赵星今后的艺术基调和走向。

1996年秋，在赵星的搭桥牵线下，厦门市和兰州市美术界进行了一次艺术交流，先后在兰州和厦门举办两地美术联展。在兰州的展会上，老朋友都惊讶地发现，赵星的画风已经大变，湿笔、淡墨渲染多了起来，整幅画面充满水汽氤氲之感。既有北方艺术的苍茫凝重，又有南方画风的幽雅温润。

彭中杰先生指出："他极力强调细线条对质感的丰富表现力，千变万化只是一根线的散步，从而把中国画'笔'的运用从书法线条的限定里解脱出来，使其真正成为绘画语言。他的用'墨'则十分谨慎地把握在略加渲染的程度上，然而一画之内，墨色的焦、浓、重、淡、清却能有机互补，表现出丰富的层次和色感。""他设色极少极薄极轻，只在

▲ 赵星在甘南采风

▲ 赵星的画室

▲ 采风在河西

必要处略施一点，达到'明一而现千万'的效果。这些人物画的背景，赵星采用了具有抽象意味的笔墨处理，然而这些简略的线条和墨色块面，却十分具象地、传神地表现出地域特色和环境气氛，因此而成为赵星突出的笔墨风神。"

提起丈夫刚到厦门那几年，种俐俐哭笑不得，她说，赵星每次驱车外出采风，总是意气风发，神采飞扬，尤其回到兰州，更是如鱼得水，整日呼朋唤友，觥筹交错。但是，一回到厦门，却垂头丧气，萎靡不振，"像丢了魂似的"。

随着时光的推移，赵星终于习惯了厦门的生活。于是开始思考着，如何在新的地方干出一番事业来。他想，既然到了新的地方，就得融入本土文化。今后的创作选题应开始有更多的福建和闽南元素。于是，他开着自己的新坐骑，跑遍了八闽大地，了解福建各地风土人情，搜集了大量素材。在艺术技巧上，他吸收了本土画家灵秀、温润的水墨运用。《古厝新人》《林巧稚深入乡间巡诊》是这个时期的代表作。

1998年，福建省第三届书画节开始征稿，赵星寄去了两件近作，一件是反映孔繁森事迹的中国画《情暖雪域》，一件是彩墨插图《石头城》。这是他调到厦门后，第一次参加省展。当这两件作品摆在评委们面前时，引起一片喝彩。

▲ 1999年，中国画《情暖雪域》入选第九届全国美展并荣获福建第三届书画节金奖

▲ 1999年，彩墨插图《石头城》入选第九届全国美展

可是，当作者的名字最后揭晓时，评委们都傻眼了，此前从未听说过本省有一位名叫赵星的画家！

两件作品毫无争议地获奖了，其中《情暖雪域》获得金奖，《石头城》获铜奖。不久这两件作品还同时入选第九届全国美展。隔了些时日，又有佳音传来：他的中国画《高原生明月》入选"当代中国青年书画展"，并获得优秀作品奖。

从此，赵星这个名字有如一颗耀眼的新星，在福建美术界冉冉升起。

时任福建省文联副主席、美协主席、福建画院院长、著名画家丁仃还专门从福州给赵星打电话，对他所取得的成绩给予充分的肯定和热情的鼓励。

这一年，赵星随厦门美术代表团出访日本佐世保举办"厦门美术展"；2000年，赴新加坡举办"赵星水墨画展"。

来厦门后，种俐俐的舞蹈艺术事业也风生水起。1995年被任命为厦门艺术学校副校长，不久又担任中共厦门小白鹭民间舞团党支部书记，并当选为厦门市思明区政协第四届委员会委员。获得由厦门市教育委员会、中国建设银行厦门市分行、厦门市教育基金会联合表彰授予的"厦门建行校长奖励"基金。她执导的舞蹈节目屡屡得奖，还多次率团出国，先后赴菲律宾、新西兰、西班牙、法国、意大利等国家访问演出。

▲ 1999年，中国画《高原生明月》获"当代中国青年书画展"优秀作品奖

赵星的画也开始受到市场的青睐。他不仅在前埔新区买了一套新房，还将汽车更新换代，换了一辆更适合长途跋涉的越野车。

厦门电视台拍摄了专题片《艺缘——来自大西北的艺术之家》，记录画家赵星和舞蹈家种俐俐一家在厦门的幸福生活。电视片播出后，人们无不投去歆羡的目光，都说，这对来自大西北的夫妇，已经深深地在厦门这座东南沿海的花园城市扎下根了。

喜事接踵而来，让赵星应接不暇。

然而，"福兮祸之所伏"，谁也想不到，就在这时，一场天大的灾难正悄然走来，他们一家幸福美好的生活将被一场狂风所裹挟。

▲ 全家在柬埔寨

大难不死

2000年正是千禧年。春节期间，赵星在洗澡时摸到锁骨附近有一个硬块，最初以为是甲状腺肿大，但过了些日子并没有消肿。直觉告诉他，不能掉以轻心，还是要到医院去检查才能安心。经过活检穿刺，一番折腾，病理报告出来了，是淋巴瘤。

医生告诉种俐俐，可能是癌细胞转移，留给赵星的时间只有两三个月了，他想吃什么就让他吃什么，想到哪里玩，就带他到哪里玩。种俐俐不忍心告诉赵星真相，让人伪造了一张"病理报告"，说肿瘤是良性的。

种俐俐不甘心，抱着最后的希望，决定带着赵星到北京求医。

夫妻俩第二天一早就搭乘飞机出发，住进了北京肿瘤医院。在等待治疗的日子里，种俐俐带着赵星到天安门、故宫等处游玩，还带他去他的出生地、小时候和爷爷奶奶一起住过的老屋。

自从获知赵星的病情以后，种俐俐内心一直在滴血，接连几天都没合过眼。为了不让丈夫知道真相，她还得强作欢颜。她告诉自己，一定要把丈夫从死亡线上拉回来！

那天，她神情恍惚，以至于在路上丢了两万现金和赵星的病历而浑然不知。到了医院，主治医生见到脸色蜡黄的种俐俐，竟以为她就是病人。当种俐俐向医生讲述赵星的病况时，正在病理科走廊等候的赵星，无意中从宣传栏上得知，淋巴瘤根本没有所谓的"良性"，原来自己得的是不治之症！

毫无思想准备的赵星，几乎要被这个突如其来的噩耗击垮了。经过一番思想斗争，他决定放弃治疗。医院的专家劝导说，目前治疗淋巴瘤还是有希望的，既然有希望，为什么不努力去治疗呢？

赵星被说服了，他开始积极配合治疗。这个过程很痛苦，整整持续了一年，先是进行常规化疗，而后，医生建议干细胞移植，放疗。赵星毕竟是在大西北长大的汉子，他勇敢地面对着病魔一次又一次的袭击，在病痛的折磨中煎熬着、抗击着。短短半年时间，他的头发都掉光了，体重还掉了三四十斤。

▲ 2018年，与种俐俐在青海采风

　　拿到治疗方案后，他们回厦门住进第一医院。种俐俐夜晚在医院看护赵星，白天回学校正常上课，处理日常事务。所幸治疗方案对症，加上赵星尚年轻，而且心态好，最后总算跨过了这道鬼门关。经过这一场劫难的考验，夫妻俩的感情更深了。

　　自从赵星罹患重症的消息传开，厦门和兰州两地的亲朋好友们无不为之悬着一颗心。大半年过去了，赵星奇迹般地出现在满脸错愕的亲朋面前，他笑呵呵地说道："我怎么可能死呢？"少顷，又说："其实，一动不动地躺在病床上，想到最多的就是死。我想，要是能保住这条命，一定要好好地活，好好地画。"

　　虽然度过了危险期，但病魔让他元气大伤，免疫系统被严重摧残，身体极度虚弱，经常头痛欲裂，走几步路就气喘吁吁。卧床三年，他时时刻刻都渴望回到大自然，回到大西北。2003年，他竟然在身体尚未完全康复的情况下，像往常一样，开动那辆心爱的越野车，奔赴西北老家。

在甘肃期间，他时常开着车独来独往，或探亲访友，或游山玩水。过去可以一口气开上十几个小时不休息，如今体质虚弱，只开一两个小时就得休息。有一天，他开车从兰州出来，到了一个不知名的荒山野岭时，就开不动了。于是，他熄了火，将车停在一条干涸的河道上，躺在座椅上准备睡一会儿。迷糊中，听见有人在敲车窗。打开车门，原来是几个警察，他们询问了情况，并查验了身份证，觉得没有异常才讪讪然离去。原来，他们巡逻时，看到河滩上停着一辆外地车，便引起警惕，透过车窗，发现一个大汉一动不动地躺着，还以为遇到了一起凶杀案！

他的爱女赵崇在一篇文章中提及父亲自驾游的爱好时，这样写道："一次就是几千公里的旅途在他眼里也不算漫长。他享受驾车的过程，他说与大自然的亲近让他心情舒畅，边远地区质朴的人们让他感受到纯净心灵的美好。他喜欢安静地开车，脑子放空什么也不想。"

正是凭借着这种精神力量的支撑，赵星战胜了肉体上的痛苦，养病期间，始终保持着一种平静愉悦的心态，没有被疾病击溃，终于走出了死亡的阴影。

经历了生死，赵星对人生、对艺术有了新的体悟。他看淡了名利和一切身外之物，更加热爱生活，更加珍惜时间；对待艺术创作，不再像过去那样急功近利，而是有所感悟有所发现才动笔。他仿佛脱胎换骨一般，改变了以往的生活习惯，不再抽烟、喝酒，不再参与无聊的社交活动，深居简出，潜心绘画。按赵星的话说："杂念少了，更纯粹了！"

这场疾病，不但没有让赵星丧失绘画的动力，反而成了他专心绘画的契机。自此，他加

▲ 赵星与爱女赵崇在河西

31

▲ 2004年，中国画《海峡西岸的眺望》入选第十届全国美展

快了走向大写意人物画的步伐。

2004年，他尚在养病期间，又重新拿起画笔，以数次到崇武半岛深入生活时所搜集的素材，创作了一幅长200厘米、宽190厘米的巨幅人物画《海峡西岸的眺望》，作品很快入选第十届全国美展。

2006年，赵星恢复上班。文联领导考虑到他的艺术专长，将他从厦门文学杂志社调到厦门书画院工作。一年后，宣布他为书画院负责人、法人代表。2009年正式任命为副院长。

工作之余，他仍然像以往那样，时隔一段时间就独自一人驾车远游，足迹遍及云、贵、川、甘、陕，以及西藏、新疆等西部地区，每年行程达数万公里。

每次自驾游结束，赵星总是一头钻进画室，接连数日闭门谢绝一切来访和应酬，沉浸于艺术创作之中。他先是整理带回来的一大摞照片和速写本，然后围绕这些素材进行构图的推敲和布局的经营，几易其稿。于是，那一片疆域、一些族群、一段历史，在他的画笔下，一一被定格成一份神采、一种风情、一个场景。

作家曹锐发现，经历了这场劫难，"他的艺术呈现出了一种大彻大悟的境界。……无论是千笔纵横的巨幅之作，还是寥寥几笔的疏落小品，都是大气奔涌，意韵深远。从画中渗透出的善与美的真情，能使你的心灵得到净化。尤其是他的那些不刻意追求唯美，只追求震撼效果的人物画，更是焕发出撼人心魄的力量。因为他把人的状态、心灵、无奈、灵魂、超然、软弱，包括命运的软弱和命运的痕迹，都诠释得淋漓尽致"。

赵星笔下的人物形象，在彭中杰先生看来，也有了新的变化："表情往往是平和的，既非大喜，亦无大悲，然而观者却能感受到一缕淡淡的哀愁、微微的苦涩，从而渗透出生活对于人的真实含义。这样的作品，自然要比故作豪放状、乐天状乃至崇高状更有深度，也更耐读。"

常言道，"祸兮福之所倚"，"大难不死，必有后福"。随着身体的逐步康复，赵星作品的质和量都在不断地提升。各种奖项、名誉纷至沓来，画作连续五届入选全国美展等全国性大展。他本人先后被评为厦门专业技术拔尖人才、一级美术师。2006年，他的中国画作品《人间天堂》被中国美术馆收藏。这一年，他还被全国30家美术专业出版社联合提名"100位最具影响力的国画家"，从而奠定了其在当代中国画坛的地位。2013年9月，赵星被任命为厦门书画院院长，从此，他的责任更重了。

▲ 赵星在辛勤工作

　　赵星并没有被那场劫难摧毁，反而像凤凰涅槃似的获得重生。难怪他的挚友、《甘肃日报》原副总编玄承东先生会如此赞叹道："我佩服赵星，他的生命和艺术一样顽强。"

站上更高的平台

2010年，中国国家画院决定以中国美协副主席、著名画家冯远工作室的名义举办一期高级研修班，准备在全国招收10名有一定造诣的中青年画家参加。这个消息是工作室一位工作人员打电话告诉赵星的。他说："冯老师看过你几件作品，印象比较深。他点名让你也参加，问你愿不愿意？"

冯远先生是赵星仰慕已久的画家，他当然愿意了！但是，真的要进京学习两年，眼下的客观条件是不允许的。一是此时的赵星已经到了知天命之年，且身体刚恢复不久，能坚持这么久的学习吗？二是自己担任书画院院长职务，诸多的工作放不下。

那天晚上赵星失眠了，他想起当年的一段往事。当年，著名写意人物画浙派代表人物刘国辉先生，看到

▲ 赵星的老师冯远先生在指导创作

▲ 2020年，与老师冯远相会在兰州

35

赵星在《读者文摘》画的插图以及出版的连环画后，十分欣赏，当即给以赞扬和鼓励。后来，刘先生在中国美院主办高研班，亲自写信点名要赵星去进修，但赵星因为工作原因，错过了亲炙大师的机会。多年来每每想起这件事，他就后悔不迭。是的，错过了刘国辉，不能再错过冯远。第二天，他立即找了文联领导告知此事，表示自己不脱产，利用双休日飞往北京听课，不会影响工作。见他决心如此坚定，文联领导当然没有拒绝的理由了。

在研修班确定10名学员的人选前，冯远先生仔细了解阅读他们每个人的作品及对相关资料进行筛选，多年前，他就注意到赵星的作品，称赞他是一个"卓有成就的青年才俊"。在一篇文章中，冯远写道："赵星的作品具有鲜明特点：首先，他的人物画题材直接源于生活，洋溢着浓郁的生活气息、生动的细节情趣和人文情怀，这一点在时下显得难能可贵。从绘画的技巧和语言层面讲，他也具有较强的造型基本功和默写能力。赵星不仅创作能力强，而且作品感觉好，尤其对水墨语言的发挥具有极敏感的直觉力，笔调灵动，用线流畅。他的画风寓精妙于奔放，个人面貌鲜明独特，写意小品更是信手拈来的擅长，他经常作大写意人物画。"

这一年9月，双向选择的结果，赵星成了冯远工作室研修班10名学员中的一员。

在研修班的10位学员中，赵星是最勤奋的一个。他每次搭乘晚班飞机抵京，隔天则乘早班飞机回厦门上班。整整两年间，无论严寒酷暑，还是身衰体病，都

▲ 《林巧稚》 190cm×200cm 2008年

坚持奔波于两地，愣是没有一次落下课程，而且每次都按时按量完成老师布置的作业，其艰难程度可想而知。

冯远很喜欢这个认真勤奋的弟子，在肯定赵星作品的同时，也指出不足之处，认为他的大尺幅画面由于注重一气呵成的发挥，注重笔墨的精妙，缺乏大块黑白灰的对比，曲线过多，因而削弱了作品的厚重感及力度。视觉冲击力不够，很难产生震撼力。

▲《阳光下的拉卜楞》 200cm×190cm 2011年

悟性高的赵星被老师一点就透，他在大量的作业练习中，有意识做出调整改进：一是更加注重构图及大块黑白灰的对比；二是适度放慢用笔，力求沉着以形成快慢缓急的对比，用线减少飘逸，融入滞涩；减少短、圆线形，增加长、直线以强骨力；三是注重多人物画的形象特征对比，减少并克服习惯性的处理手法。

对此，冯远老师很满意，他称赞道："赵星是一个做事作画都很认真的人，他敏于思，勤于行，敢于舍弃积习中的弊端，在已有基础上做出艰难的改变，通过大量的作业练习，他的进步是很明显的。从最近的几幅大创作，如《欢笑的山乡》《快乐的日子》《母亲草原》《阳光下》等作品看，体现了他的学习成果，十分可喜。"

冯远老师对他特别关注，同时也给予厚望。赵星出版画集，冯老师亲自为他题字作序，序中写道："我曾经在课堂上领着大家做画家个案分析讨论，以赵星为例，北方画家的作品气局中应吸收南方艺术的灵秀，而南方画家注重灵动精妙的笔墨表现时却要兼容北方艺术苍茫凝重的内涵气息，这是一个成功的大艺术家必须解决的问题。多年来赵星坚持深入生活，苦练基本功，坚持文化学习，这无疑为他攀登艺术高峰奠定了坚实的基础。今后的路还很长，我相信赵星一定会创作出更多更好的作品，成为一个杰出的中国画家。"

赵星没有辜负恩师的厚望。研修班结业后，为了提高自己的审美水平和理论素养，他努力研读美术理论书籍；为了丰富自己的线条表现力，他开始研习书法，遍临米芾、王铎的行草书，强化了绘画的书写性。通过书画理论和书法的学习，他深刻地认识到"书画同源，书助画之笔墨，画提书之气象，书借画之形，画提书之气象，互补互动，同源合一"。并将这个体会融入中国画人物创作中去。

几年间，赵星先后创作了《贵州苗乡系列》《川西大凉山系列》等一批有分量的作品，从而呈现出两年间在高研班学习的成果。人们欣喜地发现，其创作水平已经有了长足的进步。

▲ 《冬季牧场》 50cm×68cm 2013年

▲ 在陕北体验生活

　　对于弟子可喜的进步，冯远老师给以很高的评价："作为中国画家，赵星表现出对水墨异乎寻常的敏感、敏锐，以他的出身和早年生活经历以及健硕的体格，原本似应对强悍浑厚表现出与生俱来的偏好，但改变了生活环境的赵星，对于艺术语言掌控的变化显得十分自然，甚至表现出优于南方画家对水墨的认识理解。然而他热衷的题材媒介，却是生活在高原和西南的少数民族丰富多彩的生活情态，有趣的是，赵星过滤去鲜明的色彩，还以单纯的水墨，又以快捷劲挺的细线结构造型，并且善于营造澄明淋漓的水晕墨章效果，令人称奇。近年来赵星注重了用笔用线的厚重与苍劲，兼以大块墨色对比，突出了画面主次和层次效果，取得明显进展。"他多次鼓励赵星继续努力，准备进京举办个人画展。

　　2013年9月23日，文化部主办的《中国文化报》辟专版介绍赵星其人其作。该报记者焦雯在《赵星：找寻黑白墨色中的极致表达》的文章中写道："观赵星的画，总觉得有股力量，有股热情，几乎要迸发于纸端。在中国画里，很少能看到这样的立体和有力度的表达，也很少能看到对现实题材和底层人物的直接关注。"

赵星病愈后，不仅继续在国内各地采风，还陆续有了"洋采风"的机会，十几年间，参加省市组织的美术代表团先后出访荷兰、法国、比利时、卢森堡、德国、日本、新加坡、印度、美国、墨西哥、瑞典、挪威、丹麦等国家和地区。

▲ 左上：2013年，赵星（右）出访北欧与当地艺术家交流
右上：2013年，赵星访问丹麦
左下：2017年，赵星（左三）随厦门艺术家代表团访问美国巴尔的摩市
右下：2017年，赵星（左一）在纽约拜会联合国教科文组织纽约分会主席李依凌女士

　　走出国门，让他开阔了眼界，艺术视野更为宽广。尤其是2015年访问印度，更是给他留下了"复杂而难忘的印象"，"为它的魅力所折服、震撼"。黎明前浑浊的恒河水让他感受到信仰的伟大和心灵的纯净；高入蓝天的泰姬陵白色穹顶，让他感受到爱的力量和圣洁；克久拉霍爱庙里精美的人体雕刻，让他感受到什么是古代文明。于是，回国后，他创作了中国画《印度行》系列，将异国他乡的景色和人物形象一一收入自己的画册之中。

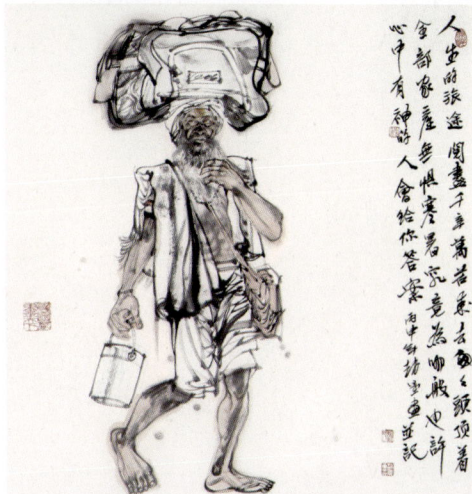

▲《印度行》　98cm×188cm　2016年

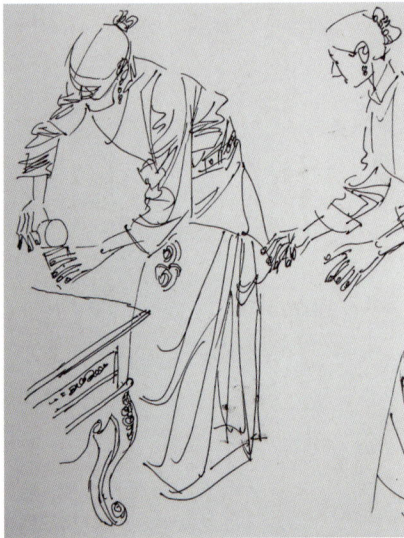

年过半百，赵星终于跨过了人生的沟沟坎坎，站上了更高的平台。他的创作激情像泉涌般喷发，不断有新作参加各种展览。2016年，由文化部指导、中国国家画院举办的"新中国美术家系列展"，每省选拔10位新中国成立后出生的具有代表性的画家作品参展。最初，参选作品在福建省经过一番海选，入选名单有赵星；到了北京，经过专家几轮评选，赵星又入围了。开展那天，专程上京观摩的福建省文化厅厅长陈秋平在赵星的作品前驻足良久，他感慨万千："画得真好，可惜现在能这么画的画家太少了。"

美术史论家徐恩存先生指出："坚持拥抱现实生活，吮吸现实生活的清新气息，凭此去结构自己的作品，是赵星艺术创作的重要特征；他以讴歌现实生活，表现生命的美感、魅力为己任，使他的创作显得坚实与稳健，并独具特色，成为画坛一道引人瞩目的亮色；与此同时，赵星并不割断历史，他研究传统、解读传统，从中获取文化的底蕴，使自己的艺术更丰满、更完美。"

▲ 赵星参加中国国家画院举办的笔会

寻找白马人

2017年，正是春寒料峭时节，赵星又一次离开厦门，自驾走一趟魂牵梦绕的陇南。和以往泛泛的采风不同，此行目的很明确，只有一个，那就是寻找白马人。

早在40年前，赵星在白龙江畔的东江水大队插队落户时，他就听说翻过高楼山的那边，生活着一个神奇的族群，他们头戴沙嘎帽，上插白鸡翎，喝咂杆酒，而且能歌善舞，人们通常称他们为白马人，是藏族的一个分支。至于他们的来历，则一无所知了。

几十年来，赵星无数次往返于甘南、河西等地区，收集了大量的一手资料，自以为对甘肃境内的少数民族已经十分了解。他也曾自驾到铁楼乡寻访白马人，每次都无功而返。

就在几天前，赵星听朋友说，铁楼乡有位白马人自己筹建了白马文化博物馆，他把民族文化的保护与旅游产业结合得很好，已经今非昔比。这位白马人就是数年前与他有过一面之缘的赵广田。赵广田为人实在，是一个有文化的年轻人。赵星得知此消息后兴奋极了，于是就有了此次的自驾游。

▲ 白马族人家

▲ 冬季，赵星在乌鞘岭

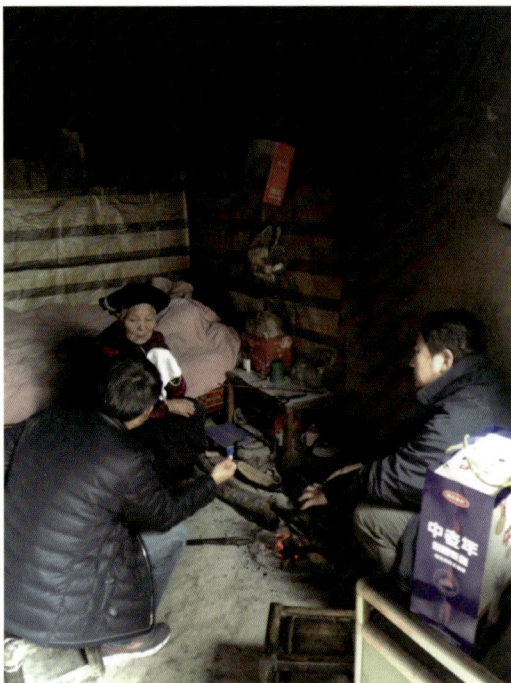
▲ 走访白马族大娘

走进白马文化博物馆，赵星眼睛为之一亮：果然名不虚传，馆里面陈列着白马族各个时期的文物，有生活、生产、文化等许多用具，从中可以感受到白马先民们的劳动生活气息。最使他感叹的是，多年来，刚刚富起来的赵广田，把自己很大一部分精力财力都投入到这些文物和资料的搜集上，而在这个过程中，他也成了白马文化的专家。

在白马河畔的日子里，白天，赵星随着广田在大山的怀抱中走村入寨，走进白马人的家中，近距离与他们交流。热情、善良的白马人穿上自己的民族服装，有的拿出自己的照片，让他有最直观的感受。

夜晚，广田又找来大量画集、影像、文字资料，一边让赵星翻阅，一边悉心讲解。此时，赵星感觉得到自己犹如穿越了时空一般，重温了这个民族的兴衰史：早在上古时期，陇南就具备了适宜人类童年阶段生存繁衍的优越自然条件，是农耕文明、渔猎文明与游牧文明文化圈的交汇区。正是历史的地理的特殊环境，孕育产生和传承了陇南独有的白马民俗文化。关于白马人的族源，学界有多种观点，但比较倾向于氐人说。古氐人是一个古老而强悍的民族，曾叱咤风云，建立过仇池国、前秦、后汉等政权，对我国历史产生过重大影响。他发现，白马人有着与藏族人迥异的文化，表现在其有独特的服饰、色彩、舞蹈、语言和曲调以及生产劳作、生活习惯、宗教信仰等诸多方面，这里面的确有大学问，有待深入探究。然而遗憾的是，由于氐民族没有自己的文字，其民俗文化资料异常支离破碎。如果不及时采取切实有力的保护措施，白马民俗文化将存在从历史上彻底消亡的可能。

几天的采风，赵星收获良多，他感叹道："我知道了这么一个民族，而真正走进这个民族、了解这个民族的夙愿却用了近40年才完成。"

夜深了，躺在床上，赵星久久不能入睡，他似乎隐约听到白马先民远去的足音，似乎听到白马英雄急促的战鼓声……

他的思绪如插上翅膀一般地循声追随而去。渐渐地，白马人的形象在他眼前清晰起来，他们踏着欢快的脚步，纷纷向他走来。

▲ 《白马人与池哥昼》 200cm×550cm 2018年

▲《祭火》 200cm×200cm 2018年

　　此刻，创作的冲动与激情不可遏制地在他的心中涌起，他下定决心，要尽绵薄之力，让白马这个东亚最古老部族的文化焕发出新的光彩，让更多的人走近她、了解她，一起唱响白马诗篇。

　　回厦门后不久，一幅幅草图就在短时间内完成。气势磅礴的白马诗篇系列《白马人与池哥昼》等大尺幅作品，很快就出现在他的笔端。

　　通过系列组画的创作，赵星的心灵受到了震动和洗礼。在一篇创作体会中，他深情地写道："诗意地表现白马人顽强不屈、沧桑久远、悲怆厚重如史诗般的生活历程便是我所追求的画面总基调。营造这种气氛就必须用浓重的笔墨、大块的黑白对比、鲜明富有个性的人物造型烘托主题。这一点有别于我以往的创作，尤其是大块面墨色运用上对我而言取得了突破性进展，《祭火》便是范例。"

2019年9月27日，中国画《白马诗篇》系列，参加甘肃省文化和旅游厅、甘肃画院主办的"朝圣·敦煌—甘肃画院美术创作系列工程"作品展。

赵星的创作成就引起中央电视台书画频道的注意，2018年7月，书画频道邀请赵星参加"书画频道进万家——走进平凉"的直播节目。翌年3月，受央视书画频道邀请，赵星进京录制15集"一日一画"写意人物画教学节目。这个教学节目从当年6月20日至7月4日连续播出。其间，央视书画频道还聘请赵星为"书画频道特聘教授"及"书画名家作品进万家大型文化惠民活动特约画家"。11月26日，中国画《春天的脚步》教学示范片上下集在央视书画频道"大美之春——2020美术界春晚作品展播"播出。

同时，赵星被聘为厦门老年大学书画院、甘肃金城画院、甘肃省书画研究院名誉院长。

▲ 在央视书画频道录制"一日一画"节目

为艺术再次起程

▲ 2023年，赵星全家在乌鞘岭

　　2020年6月，赵星迈向了耳顺之年。在宣布赵星退休的会议上，几位文联领导异口同声地给他四个字的评语："德艺双馨"。

　　六十大寿那天，他正式退休，回归家庭了。这个幸福的艺术之家，如今又有了新的变化：妻子早他三年退休，女儿赵崇"女承母业"，大学中文专业本科毕业后在厦门艺术学校任教。经历了20年前的那场风暴的洗礼，这个"艺术之家"成员之间更加亲密无间。

　　在女儿赵崇眼里，老爸"不过是个有些内向敏感的居家男，带些完美主义倾向，养家做饭带孩子样样精通"。

　　在这个由艺术家组成的家庭里，似乎是"女主外，男主内"。妻子种俐俐是个女强人，她将自己的一切都献给舞蹈艺术事业。年轻时在剧团既当演员又当副团长，每天有没完没了的排练、演出；到厦门后，艺校和小白鹭民间舞团领导职务双肩挑。她以团、校为家，每天几乎都是早出晚归。有时出国演出，一去就是十天半个月；退休后，她仍然积极地参与民族民间舞考级、师资培训、少儿舞蹈、美育教育和各级舞蹈大赛评比等活动。近几年还作为国家级民族民间舞考级的考官，走遍福建、广东、甘肃、陕西等地区近千家艺术院校及各培训机构。她获得无数头衔和荣誉：国家一级导演，厦门市舞蹈家协会主席、名誉主席，厦门艺术学校常务副校长、厦门小白鹭民间艺术团团长、厦门市劳动模范，福建省第十届、第十一届人大代表……

赵星始终没有忘记当年热恋时的承诺：支持妻子的事业。结婚30多年来，他总是默默地在背后做妻子的坚强后盾。女儿出生刚8个月，种俐俐就奔赴北京深造，一去就是三年。好容易毕业了，又跑到厦门工作。赵星毫无怨言地挑起带孩子、做家务的重担。赵星十分热爱舞蹈艺术，并有自己的艺术见解。无论是在兰州还是在厦门，他始终是妻子演出或执导节目的"忠实观众"，还常常为妻子编导的专场演出海报、节目单担任美术设计。时至今日，他还时常驾车陪她到几百公里外担任考官。

▲ 2020年8月，赵星参加央视书画频道的文艺晚会现场直播

2020年春夏之交，赵星接到了一纸邀请函，请他创作一幅以华胥氏与庄浪为主题的大幅国画作品，准备在央视书画频道和甘肃省平凉市委、市政府举办的"写意关山，放歌梯田"的大型文艺惠民活动现场展示。

华胥氏，是中国上古时期华胥国的女首领，也是伏羲、女娲的母亲，亦是黄帝、炎帝的直系远祖，被尊誉为"人祖"；她是中华文明的本源，被中华民族尊奉为"始祖母"。据传，华胥氏在庄浪县一座山顶上的朝那湫湖中沐浴，出浴后踩了巨人的脚印后孕育了伏羲。

▲《华胥氏与朝那湫》 360cm×150cm 2021年

主办方说，之所以在国内众多的人物画家中选上赵星，一是因为对他的造型能力的信任；二是考虑到他熟悉甘肃风土人情。接受创作任务后，赵星立刻赶赴庄浪县采风，体验生活，搜集素材。在那里，他一待就是个把月，最后用半个月时间完成了这幅长360厘米、宽150厘米的巨幅中国画。

文艺晚会如期在平凉的庄浪县举行，这是一场综合性的大型电视直播活动，邀请了诸多文艺界名人参加，现场观众20万人，观看电视直播观众达200万人。赵星即席登上晚会舞台发言，现场的反应相当热烈。从后来的信息反馈来看，这幅画受到了同行的高度评价和观众的称赞，取得了良好的社会效果。这件作品后来被平凉美术馆永久珍藏。

2021年盛夏，赵星在沿着长江三峡的陆路自驾采风途中，忽然接到一个电话，说是央视书画频道和平凉市委、市政府决定以同样的形式，在崇信县举办题

▲《公刘与崇信》　360cm×150cm　2021年

为"水墨关山，槐树天下"的大型文艺惠民活动。会上要展示一幅同样尺寸、表现中华农耕文化的始祖——公刘的巨幅中国画。相传，这位华夏农耕文化的不朽开拓者是崇信人。接到任务后，赵星立即掉转车头北上，赶赴平凉崇信等地采风，也同样以最快速度圆满完成任务，并取得同样的社会效果。这幅画被当地博物馆收藏。

几十年来，面对尘世的喧嚣和诱惑、命运的打击和折磨，赵星始终保持着那份纯真与执着，将自己的人生投入艺术之中，不断进取，永无尽头。正如著名作家、甘肃省文联副主席曹锐所说的："只要他的生命不止，他就会为了他的绘画艺术继续背起行囊，为艺术再次起程。因为他的灵魂从来没有被其他的东西套上躯壳，他就像一股强劲的风，飘到哪里便会把他的生命写意到哪里！"

生命和艺术之树常青

▲ 赵星从新疆归来，进行创作

▲ 赵星在稻城

▲ 2021年5月，赵星回母校汇报、讲座、交流

在长达40余年的艺术生涯中，赵星的每一次人生转折，都带来了创作水平的提升。与众多朋友一样，赵星的挚友、作家玄承东发现，"和以前相比，他的画风有了很大改变。当然，山，还是西部的山；水，还是西部的水；人，还是西部的人。不过，少了些飘逸、灵动，多了些凝重、苍茫"。

这次在崇信县的活动结束后，他和赵星有了一次深入的交谈。他问赵星，这些年画风为什么要变。赵星答道："过去想的是画什么，现在想的是为什么画。过去看重的是感情的宣泄，现在看重的是思想的浓缩。"

问他究竟为什么画。答道："因为西部的历史、山河、人文给我留下了太多的感动，不把它如实地反映出来，对不起老天给我的这条命。"

问他"看重思想的浓缩"是什么意思。答道："画画，不光要好看，甚至主要的不是好看，而是让观众看到画面后面的东西。可最后看到了什么，就不是我的事了。"

通过这番对话，可以看出，作为一个思考型的画家，赵星在人生和艺术的感悟上，已经达到一个新的高度。

提及与赵星初次见面的印象时，冯远老师曾这样写道："认识赵星是先见其画后见其人。本以为赵星像他的作品风格一样，应该是个清峻富有灵气的南方人，虽有特例，但一般认为画如其人嘛。可第一次见到赵星还是让我出乎意外：面前这个人高马大、壮实魁梧的北方人很难让我和想象中的赵星对上号。"

其实，这种"难以对上号"的反差，在赵星和他的作品中，还可以列举出许多。

赵星看上去五大三粗，接触久了，才发现他做事精益求精，细心缜密；他平时木讷寡言，似乎对身外之事漠不关心，但与之深谈后，朋友们都会发现，他凡事皆有深刻的观察和独到的见地；他平日里独来独往，似乎拒人于千里之外，但在画中，却总爱描绘热闹的场面；当他身在黄土高原时，心中向往的却是南国水乡、蕉风椰雨，而定居东南沿海的厦门后，却始终对西部的高原、雪域、大漠有着难以割舍的情怀。

▲ 走进贵州苗族山寨

▲ 《石窟春秋》 300cm×200cm 2020年

　　这种矛盾现象，恰恰印证了赵星本人的一个艺术观点，他认为："画家是个矛盾体，作品也是矛盾体，艺术的构成与表现，只是借创作灵感来将多元的艺术感觉和思维运动暂时地统一起来。"

　　在艺术创作中，赵星就是这样，将一些貌似矛盾的反差，巧妙地融合于他的艺术创作之中，从而形成强大的张力，产生了艺术感染力。

　　赵星最喜欢的一句话就是"致广大而尽精微"。在创作中，他十分注意"致广大"，如徐恩存所说的那样："十分注意画面的黑白构成与对比关系，使之有利造势与造境，并由此演绎出工写兼具的风格，大处落墨，重整体结构、气势与气韵。"他总是通过形象构思，将奔放的创作冲动表现为想象的驰骋，常常将人物置身于特定的情境之中加以描绘。在描绘集市、节庆等活动时，赵星没有直接记录活动现场，而是聚焦观众，通过描绘他们的神情和姿态，真实呈现他们的日常生活，反映他们对生活的热情与追求。

　　与此同时，赵星还努力做到"尽精微"，在细节的刻画中，注重气氛烘托和意境营造，将难以言传的微妙气息准确地表现出来，细腻地再现着人物的精、气、神，抒发着对生活的真、善、美，奔放中不失精微，严谨中不失粗犷，充满柔婉的美感和刚劲的力量。如徐恩存所说的那样："小处着眼，重刻画表现与个性塑造，其中，还借鉴了西画的光影手法，丰富人物形象的表现手段，使人物不但形神兼备、栩栩如生，还体现出一种特定性——西部生存状态下，男人的强悍与粗犷，女人的温情与柔美。"他发现，赵星"紧紧把握着中国艺术特有的含蓄与空灵感，强调的是'得意忘形''意到笔不到''画外之境'等，淋漓处率性挥洒、任意泼墨，细致处精微传神、气韵俱足，用笔灵活，富于变化，笔线在虚实之间若即若离，结构处辅以皴擦，使以笔立骨的写意手法结实、稳定而不涣散；用墨以泼墨和浓淡相破手法为主，营造枯、湿、浓、淡的丰富变化及水法带来的墨色幻化，在一片墨韵、墨气之中衬托人物关系，使画面产生流动感，打破了静止状态，在运动中使画面顿生蓬勃之气韵"。

▲《正月欢歌》 360cm×150cm 2020年

画家独特的生活感受和超群的艺术才华，带来创作的活力与激情。所谓"矛盾的统一"，就是在两者互融互动中完成的。

美术理论家、中国国家画院副院长张晓凌先生十分赞赏这种"矛盾的统一"，他写道："在《月上边关》《风起大漠》等系列作品中，无论是戍边的将军还是手提马灯的少女，无论是骏马上的汉子还是泉边的卓玛，都具有苍涩遒劲的气质；但同时，又有些许不易察觉的哀愁，北方浑厚的气象与南方朦胧的韵致，被略微奇妙地结合在一起。"他因此赞叹道："赵星的笔墨兼取书写性和写实性，具有较高的技术难度，这一点，保证了他在细节烦冗的写实场景中，洋溢出文人画般的灵秀逸趣。"

▲ 2020年，重返曾插队的陇南山区

▲ 2024年，新春写生

对于赵星在创作中的种种探索与实践，美术评论家贾德江给以极高的评价，他认为："作为进入新世纪具有代表性的画家个案，赵星的创作显示了中国水墨人物画与西方绘画的碰撞开始由一方向另一方的冲击、改造，变为自然自律的变异、深化、融合。如果说西方现实主义在20世纪打破了传统笔墨与造型素朴和谐的古典绘画形态，那么赵星的水墨人物画的笔墨与造型又展示了对'另一种和谐'的追求。重视传统、重新展示笔墨的独立审美价值，融汇中西绘画的各种观念手法，在个性语言的基础上，把传统笔墨的意味与气韵进行现代化转换，是赵星人物画创作的成就，也是他对推动中国人物画的发展的贡献。"

退休后，赵星到几所大学进行了学术讲座，平时不善言辞的他，说起自己所挚爱的艺术时，居然侃侃而谈，妙语连珠。他谈自己的创作经验和心路历程，并结合作品的示范，引起师生们的共鸣。2022年，赵星被聘为集美大学美术学院客座教授。

退休那年，赵星就准备出一本画册、办一回个展，以总结和汇报自己多年来的创作成绩。这个计划获得了厦门市文艺创作扶持资金的支持。2023年3月，"赵星写意人物"画展在市文联艺术展览馆隆重举行。所展出的多幅巨幅作品给观众以视觉冲击和震撼，多家媒体都做了报道，取得了良好的社会效果。由香港中国美术出版社出版的《赵星画集》也同时发行。画集装帧精美、厚重大气，主要收入了赵星1989年至2022年43年间近200幅作品。

这一年，在第七届厦门文艺奖评比中，赵星的巨幅中国画作品《中华农耕文化的始祖——公刘》荣获一等奖。

总之，退休后回归家庭的赵星并没有停下他的画笔。他的艺术在日落日出潮涨潮落的时光流逝中，逐渐走向成熟。

赵星曾经说过，"我的精神家园不在车水马龙的城市中，而是在遥远的雪山草原、大漠戈壁。可以这样说，那种气息已然融入我的血液中"。

从西部走出来的赵星，魂牵梦绕的永远是这片古老而苍凉的土地。这是他的生命和艺术的浸润之源、皈依之地，也是他的生命和艺术之树常青的奥秘所在。

▲ 左上：2022年，与陈元麟先生在海边
右上：2007年，在兰州与恩师苏朗、唐俊卿夫妇及母亲相聚
左下：与画院同事在个人展上留影
右下：与甘肃美术界朋友在临夏

▲ 《巴寨喜事》 200cm×190cm 2023年

第二辑　作品

▲ 《晨风》 68cm×68cm 2022年

▲ 《难忘的山乡》 150cm×180cm 2022年

▲《好花生在布朗山》 100cm×190cm 2022年

▲ 《巴藏达玛花开》 360cm×130cm 2022年

▲《煦风》　138cm×68cm　2022年

▲ 《巴寨朝水》 360cm×150cm 2022年

▲ 《春朝》 136cm×68cm 2022年

▲《遥远的德峨乡》 150cm×180cm 2022年

▲《煦风倩影》 100cm×190cm 2022年

▲《小品》 48cm×46cm 2021年

▲《小品》　48cm×46cm　2021年

▲《家园》 138cm×68cm 2022年

▲ 《源》　360cm×150cm　2022年

▲ 《千年的土地》　48cm×46cm　2021年

▲《土地恋歌》 48cm×46cm 2021年

▲《多情的土地》 48cm×46cm 2019年

▲《山花》 138cm×68cm 2021年

▲《苗寨欢歌》　138cm×68cm　2019年

▲《塔里木河这边的男人》 350cm×160cm 2020年

▲ 《太阳城那边的女人》 350cm×160cm 2020年

▲ 《晌午河西的那片绿地》 200cm×200cm 2021年

▲ 《泼水节》 48cm×46cm 2021年

▲《泼水节》 48cm×46cm 2021年

▲《泼水节》　48cm×46cm　2021年

▲《泼水节》 48cm×46cm 2021年

▲《远山正月》　68cm×68cm　2021年

▲ 《藏区小品》 68cm×68cm 2020年

▲《藏区小品》 68cm×68cm 2020年

▲《藏区小品》 68cm×68cm 2020年

▲《藏区小品》 68cm×68cm 2020年

▲《大凉山的女儿》 400cm×200cm 2015年

▲《藏区小品》 68cm×68cm 2016年

黔东南的早晨黔
东南的早晨有
但如柳州的地
方珍藏在贵
州的大山中
景颇怜遇此
正过程像勾
表绘画忆中
情景正题
子扬

▲《黔东南的早晨》 200cm×190cm 2012年

y

▲《山乡集日》 200cm×200cm 2012年

《家园》 200cm×200cm 2013年

▲《小品》 68cm×68cm 2011年

▲《踏春》 138cm×68cm 2008年

▲ 《春归》　138cm×68cm　2013年

▲《古厝新人》 190cm×300cm 2017年

▲《苗寨新娘》　400cm×200cm　2011年

▲《云起高原》 68cm×68cm 2018年

▲ 《田野正午》 68cm×68cm 2018年

海风阵阵

丙申年龄墨画於厦门画院

▲《海风阵阵》　68cm×68cm　2016年

▲ 《太行人家》　50cm×35cm　2017年

▲ 《毛泽东在才溪乡调研》 180cm×193cm 2013年

朝雾晓晴大凉山 乙未年夏月朝霞……

《朝雾晓晴大凉山》 200cm×200cm 2015年

图经取天西 画墨拈年申丙 关阳出西

▲《西出阳关》 68cm×68cm 2016年

藏经洞 敦煌的记忆
甲午年铸星画

▲《藏经洞·敦煌的记忆》 68cm×68cm 2014年

▲《早春湘西》　138cm×138cm　2009年

▲ 《山野》 68cm×68cm 2016年

第三辑　文章

弘与静穆，在那里我找到了自己所热爱的活生生的人物形象，也在那里有了最为质朴、单纯、淳厚的情感体验。所有这些都融入我的血液，成为我表现现实人物的心灵动力，也是我进行现实人物创作不竭的"意象"源泉。而对于古典人物创作，我曾这样体验过：走进丝绸古道上的古城遗址中，除依稀可辨的古城的断壁残垣外，满目皆是破碎的秦砖汉瓦，而此时当我站在这空无一人的古城中，思绪借着轻风向远方的时空飞去，分明感受到了古人们远去的足音。因此在画古典人物时，我偏爱历代边塞诗所表达出的那种大气、苍茫、悲凉的意境。

由此可见，一个画家的成长经历、生存环境、情感所在决定了他是在单纯地表现"看见的东西"，还是注入了自己胸中所"理解的东西"。这种自己胸中"所理解的东西"，是画家自身对人物原型在精神层面、情感层面的主观的整体认识。而从本质上来说，这就是来之不易的"意"，也是其个人风格的本质与内涵。

同时，对于一个写意人物画家来说，这种"意"的酝酿与生成过程，始终伴随着对人物的具象造型特征，即"象"的深入研究与探索。

写意人物画发展到今天，其研究人物造型的方法有以下几种。其一是默写，即目识心记的方法，画家通过视觉记忆来研究人物的造型特征，这种方法容易逼近人物形象的整体动态，此外，默写与观察的反复交替进行可以帮助画家在不断"纠错"中认识对象内在的造型规律。其二，面对人物原型直接写生，这种方法由于直面对象，可以获得鲜活的感受，使画家往往在理性介入前已完成了画面，因此充满激情。三是学习前辈对人物造型规律的总结，其中也包括西方造型研究成果的学习与继承，比如伯里曼对人体运动规律与造型规律的阐释，以及菲钦对线的造型功能的探索与对明暗手法的限制使用，都是很值得我们当代的写意人物画家继承和研究的。

因此，我们可以看出，写意人物画的"意象"不是单纯地模仿人物形象的自然状态和表面状态，而是画家在对人物原型深刻理解并对其产生深刻情感的基础上，创作出来的画家胸中的艺术形象。

二、表现手法的意象性

中国画由于其特殊的绘画传统、审美取向、观察方法和独特的绘画材料，导致了其表现手法的意象性。而这种表现手法的意象性集中体现在两点：（1）对"虚实"的应用；（2）对"势"的理解与追求。

首先，我们来讨论虚实。对虚实的理解与应用其实是一种中国人特有的智慧。在老子《道德经》中曾有这样的论述："三十辐共一毂，当其无，有车之用。埏埴以为器，当其无，有器之用。凿户牖以为室，当其无，有室之用。故有之以为利，无之以为用。"这就是说，"有"所给人的便利，只有当它跟"无"配合时，才发挥出它应起的作用。这里的有无对应于国画中的虚与实。"实"应当有超越自身的潜能和趋势并导向虚，"虚"应维系于实。也就是说，描绘各种物象，因为有了"实"，即具象的形的描绘，才使观者的审美过程有了视觉上的凭据。同时，由于预留了"虚"，预留了空间，预留了不确定性和余地，才给画外之境、画外之意留下了发展的可能，同时，也给观者留下了充分的想象空间。"实"，是画家用画笔直接展现于画面的人物形象；"虚"，是作者有意略去的、但并非不重要的部分。正如清代笪重光等人所说的："虚实相生，无画处皆成妙境。""实处之妙，皆因虚处而生。"

然而"虚"什么，"实"什么，反映了一个画家的取舍能力与智慧。写意人物画不仅要精心描绘人物的形体，还要去描绘、经营那些"无"和"虚"的空间和环境，因为那些展现在画面上的人物形象深受这些"无""虚"的空间的反衬和制约。"虚"由"实"诱发、拓展和表现，实要在虚的统摄下来加工，虚实相生成为意象表现的独特方式。我们在读一幅经典写意人物画作品时，不仅要看其画了什么，还要看没画什么，如此才能获得深层次的艺术享受与启发。

在画面不同的区域对于虚实的处理不一样，如在画面的视觉中心，虚实对比强度会比较大，或以密集的"实"反衬散淡飘逸的"虚"，或以朦胧的"虚"反衬坚实的形体。这与人类眼睛的视觉特性有关：人的视觉焦点和注意力所在之处的结构与关系清楚，其余地方则视线模糊。我们的先贤们早就注意到这一生理现象和视觉习惯，并根据这种生理现象和视觉习惯来处理画面。画面主体力求结构清晰、关系明确，其余地方则反之。

又如在形体塑造与细节的描绘过程中，也大量用到虚实的处理手法，尤其是与国画的笔墨特性的结合，更能充分发挥笔墨意象性表现的长处。比如在藏族人物服饰的表现中，可以利用实、虚、浓、淡、枯、润的各种笔触的交叠、并置、相生、相变来造型。从局部看，是一些抽象的点线面与墨色的虚实构成关系，然而，从整体看整幅画时，它已转化成一种介于似与不似之间的意象中的衣饰局部。此外，加强在反映形体起伏的关键部位的细节刻画程度的"实"与其他次要地方的"虚"的对比，可以加强人物形体的整体感。

其次，我们来讨论写意人物画中的"势"，这种势主要指形体组合所形成的势和笔势。

形体组合形成的"势"往往在大型人物创作中得到充分重视。这种"势"使多个单独的形体通过叠加、交错、对立、呼应等关系连接在一起，并由此产生有别于形体简单罗列的、一种具有特殊意象的整体关系。比如，在黄胄的《洪荒风雪》中，处于视觉中心位置的主要人物及骆驼形象完整，逐步向后延伸直到远处小的骑驼人，由于透视变形，形体越来越小，并由此形成一个"C"形；而从视觉中心位置的主要人物向前，通过右边的人、骆驼和狗又形成一个反"C"形，两个"C"形通过视觉中心骑驼人的衔接形成了一个很有律动感的、完美的"S"形。

这种"S"形构图其实是对古典画论"置陈布势"的起承转合理论的完美应用。

笔势在写意人物画中具有独立的审美价值。笔触方向的流动、统一、对立除了可以帮助造型之外，还可以赋予画面额外的审美意趣，给画面主体创造一种类似背景音乐般的氛围。

由此可见，不管是虚实手法的应用还是对画面"势"的关注，都反映画家主动造型的修养与功力，这种主动性正是画家表现手法的意象性所在。

藏文版连环画《蛇王洞》序

赵 星

近日接到西藏藏文古籍出版社的电话，商议将我在1984年由甘肃人民出版社出版的连环画《蛇王洞》翻译成藏文再版，我欣然同意无偿授权出版。西藏是我神往的地方，尤其《蛇王洞》的创作承载

▲ 赵星深入藏族地区采风

着我青年时代对这块圣洁的土地太多的如诗如梦般的理想。

欣喜之余，不禁让我回忆起80年代初的往事，对于我们这个年龄的人来说，也许几天前在身边发生的事会一时想不起来，而几十年前所经历的事却历历在目。那时我20岁出头，从西北师大美术系毕业后被分配到甘肃日报社不久，接到甘肃人民出版社约我创作连环画《蛇王洞》的任务。当时真是欣喜若狂，我立志要珍惜这次机会出色地完成创作任务，投入了极大的热情找寻了很多资料，直至跑到藏区采风体验生活。要知道在当时，这样的机会可不是每个从事美术工作的人都能有的。那时生活和工作条件都比较艰苦，我宿舍地面的土坑深达半尺，给我配发的桌面竟是一块水泥板。每天下班后即伏在水泥板上开始创作，繁星在天幕上闪耀的时候就是我在昏暗的灯光下倾情刻画阿初和俄满形象的时候。在那样的背景下我认真完成了《蛇王洞》的创作。这个故事本身是藏族民间故事，深受广大群众喜爱，加上连环画的二度创作，于1984年出版后受到好评，随即在专业机构举办的"甘肃省首届连环画评奖"中荣获绘画一等奖。

　　光阴荏苒，30多年过去了，回头来看这部作品显得那么稚嫩，绘画技法也那么不成熟，有诸多的缺憾。本想在再版时做一些修改和画面处理，仔细翻看后突然又觉得虽然修改后肯定在画面效果上会有大的提升，但同时也会削弱那个时代的烙印和纯情，毕竟我已是过了知天命之年的人。就让这件作品保持30多年前的原貌吧。

　　西藏藏文古籍出版社响应国家文化大发展号召，推动西藏传统文化的传承与保护，能选中《蛇王洞》翻译成藏文出版我深感荣幸。我对于藏族同胞有着深厚的感情，我曾多次深入藏区采风，与他们一起生活，也结交了很多藏族朋友，这些年来的国画创作大多仍然以藏区生活为题材。若连环画《蛇王洞》藏文版能够面世，我会为自己在促进西藏优秀传统文化的传承发展进程中尽一份绵薄之力而感到欣慰。

　　由衷地感谢你们，西藏的朋友。

2016年9月于厦门

▲ 1984年，《蛇王洞》首部连环画出版并获"甘肃省首届连环画评奖"绘画一等奖

白马散记

赵　星

地处甘肃南部的陇南地区，山大沟深，气候温润，我的青少年时代就在这里度过。这块土地对我而言是终身难以忘怀的地方。40年前，我在知青点打起背包告别了美丽的山城，踏上了求学的道路。不觉间40多年过去，随着年龄的增长，时常在梦中走进这块神奇的土地：云雾如丝带般缠绕于腰间的南山，月色中的白龙江。

青少年时代的记忆是那么清晰，中学毕业后，我和一群伙伴

▲ 2006年，赵星在白马采风

响应知识青年上山下乡的号召走进白龙江畔的东江水大队插队落户。无论白天的农活多么辛苦，但每次收工回来，天幕上布满繁星的时候，借着昏暗的灯光伙伴们便有人在认真看书学习，有人在低沉的二胡声中轻轻吟唱。而我则拿起画笔沉浸在自己的理想世界里。

听人们说山的那边有一个神奇的民族。通常称他们是白马藏族，就在不远处高楼山的后边。

于是我知道了这么一个民族。而真正走近这个民族，了解这个民族的夙愿却用了近40年才完成。

本以为白马人就是藏族人的一个分支，是从事农耕的藏族人，以至于对这个民族的印象仅停留在大山深处有这么一群头戴沙嘎帽上插白鸡翎、喝咂杆酒且能歌善舞的少数民族。

几十年来，无数次地往返于甘南、河西等少数民族地区，收集了大量的一手资料，自以为对甘肃境内的少数民族已是十分了解。数年前，我曾自驾到铁楼乡寻访白马人，竟然无功而返，也许是无情的岁月已经把我要寻找的东西化作烟尘，我竟然没见到一点与白马相关的踪影。那时我就感觉到在我们生活的这个星球的褶皱里有不少不为人知的秘密，而我们了解的究竟又能有多少？正是这种强烈的求知欲和对于故土的眷恋，促使我义无反顾地决心再自驾走一趟魂牵梦绕的白马山寨。

高楼山脚下的白马河不知道流淌了多少年、多少代。在铁楼沟入口不远处的右首，有一组很有特点的建筑，门口写着"白马人家"。这家的主人便是赵广田老弟，广田是本地人，也是白马人。我与广田数年前有一面之交。这次找上门来显然是因为第一次见面时，彼此留下了较深的印象。广田话不多，为人实在，他是一个有文化的人，尤其很喜欢字画，见了画家格外热情。此次来前听朋友说，他自己筹建了白马博物馆，把民族文化的保护与旅游产业相结合做得很好，已经今非昔比。

早春的陇南寒冷中已有几分暖意，我开着自己的越野车一路西行。几日的旅途劳顿跨越千山万水，终于走到铁楼沟口。广田就在自家门前等候，几年不见没什么大的变化，只是多了几分沧桑感，发间也多了几缕灰白。环境的变化就太大了，当年的干滩修满了各种民房，几乎水泄不通十分拥挤。白马人家就在路边的小山坡上。

走进小院却让我眼前一亮，真是别有洞天，院内建筑整齐有序，各种设施一应俱全，花草繁盛就是一座生态花园。主人先是带我们粗略参观一圈儿，而让我最感兴趣的，迫不及待想看到的则是广田的白马文化博物馆。果然名不虚传，馆里面陈列着白马族各个时期的文物，有生活、生产、文化等许多用具，很是齐全。基本上能感受到白马先民们的劳动生活气息。使我感叹的是以个人力量收集如此多的文物是怎么做到的呢？听说多年来他把自己很大的一部分精力财力用在这些文物的搜集上，而在这个过程中，他也成了研究白马文化的专家。

在他如数家珍般介绍时我暗自思忖：在这大山的深处，如此热爱本民族文化，并倾其所有加以整理保护并坚持不懈，需要怎样的情怀和毅力啊。敬佩之情油然而生。

在铁楼乡的日子里，白天广田带我走村入寨，游走在大山的怀抱中找寻白马人生活的踪迹。山野里的梯田已见新绿，树木的枯枝已隐约发出新芽。灰褐色的枝条在寒风中轻轻摆动，几缕炊烟伴着淡淡的山岚给静穆的山谷增添了些许灵动、些许凄美。和其他地区的农村一样，年轻人大多外出打工。找到有民族特色的白马人并不是容易的事。社会生活的变化，已很难分辨谁是白马人。这也就是数年前来此找寻不到白马人的原因。

幸有广田领路，得以走进白马族人的家中近距离与他们交流，更多地了解他们生产生活的近况。几天下来才有了比较大的收获，他们有的穿上自己的民族服装，有的拿出自己的照片，给我最直观的感受，我被他们的朴实善良所感动，一幅幅生动的画面在我眼前浮现。

入贡山顶，我似乎隐约听到白马先民远去的足音，白马河畔分明能听到白马英雄急促的战鼓声。我的思绪如插上翅膀一般地循声追随而去……这就是创作的灵感，这就是灵感的源泉。到了夜晚，广田又找来大量可视资料，毫无保留地让我查阅并耐心讲解。从大量的资料来看，当地政府和相关部门也是花了很大的力气做了大量的工作整理、搜集、出版了相当多的资料。铁楼乡的夜晚，天幕上的繁星又大又亮，空气格外纯净，我们如穿越了时空一般重温了这个民族的兴衰史：早在上古时期，陇南就具备了适宜人类童年阶段生存繁衍的优越自然条件，是农耕文明、渔猎文明与游牧文明文化圈的交汇区。正是由于历史的地理的特殊环境，孕育产生和传承了陇南独有的白马人民俗文化。白马人民俗文化首先表现在其独特的服饰、色彩、舞蹈、语言和曲调以及生产劳作、生活习惯、宗教信仰、自然崇拜诸多方面都有一定的规范和"约定"，与羌、藏等其他民族存在明显区别。仅从服饰来看，白马人的衣着相对藏族人来说在厚重中多了灵秀和精致，色调统一又丰富多彩。关于白马人的族源学界有多种观点，但比较倾向于氐人说。古氐人是一个古老而强悍的民族，曾叱咤历史风云，建立过仇池国、前秦、后汉等政权，对我国历史产生过重大影响。然而遗憾的是，由于氐民族没有本民族的文字，其民俗文化资料的保存仅散见于一些历史文献，且显得异常支离破碎，给研究工作带来了很大的困难。从这个层面来说，作为古氐人民俗文化直接继承者的陇南白马人，其保留至今的民族民俗文化无疑对研究氐族历史与文化具有化石般的意义。传承的现实危机和自然灾害的共同作用，严重威胁着白马人民俗文化的传承，如果不及时采取切实有力的保护措施，白马人民俗文化将随时可能从历史上彻底消亡。

冬日在"白马人家"的日子，使我深深感受到了白马人生命的顽强、生活的艰辛、文化的丰厚，并为之震撼。他们的历史神秘悠长、深沉厚重。我突然明白了广田为什么不一心埋头经营自己的农家乐而花这么多精力财力建立博物馆。敬佩之余不免又有一丝伤感。

多年来返璞归真的意愿就在这大山里与白马人不期而遇并碰撞出火花，这种感觉真是无法言说，也许只能通过我的画面去表达。

我眼前白马人形象渐渐清晰起来：他们踏着欢快的脚步，纷纷向我走来，创作的激情无法遏制。在返回后不久一幅幅草图就在短时间内完成。

完成一幅创作，仅靠激情是不够的，还得有超越激情的理性去把控。对于画家来说画什么并不是最重要的，选定了题材怎样画好才尤为重要。所画内容的不同完全可以决定你所选择手法的不同。这一点，采风归来后让我颇费心思，大动脑筋。

技法的细节问题暂且不谈。从初步的尝试来看，诗意地表现白马人顽强不屈、沧桑久远、悲怆厚重如史诗般的生活历程便是我所追求的画面总基调。营造这种气氛就必须用浓重的笔墨，大块的黑白对比，鲜明富有个性的人物造型烘托主题。这一点有别于我以往的创作，尤其是大块面墨色运用上，对我而言取得了突破性进展，《祭火》便是范例。随后又创作出白马诗篇系列《白马人与池哥昼》等大尺幅作品，通过白马诗篇系列组画的创作，我的心灵受到了感动和洗礼，同时找到了归属感。在接下来的日子里，我将继续这一命题的创作，竭力解决写实与写意之间的矛盾并找到平衡点，在内容和形式上达到一个新的境界。

谨以此短文表达我对陇南白马的怀念，同时感谢广田对自己民族文化的守护以及对我的帮助。我在东南，你在西北，我们天各一方，但有一个共同的夙愿：尽我们的绵薄之力，让白马这个东亚最古老部族的文化焕发出新的光彩，让更多的人走进她、了解她，一起唱响白马诗篇。

（发表于2018年《朝圣敦煌课题研究系列——赵星》）

▲ 《白马山寨记忆》　138cm×68cm　2018年

由《读者》插图所想

赵 星

插图虽是小画种，但却能以小见大，对画家的综合素养要求很高，并不是轻易就能做好的一件事，也就是说不是所有的画家都能胜任这项工作。插图艺术是造型艺术中最大众化、最流行的形式之一，是造型艺术中一种特殊的体裁。所谓特殊就在于是根据某种预先规定的文学作品，要求插图对文学作品加以一定的"阐明"和"解析"。试想对一本满版文字没有插图点缀的书籍，读者会不会望而生畏呢？

参观画展的人毕竟只是一小部分，而每天通过印刷品阅读来欣赏美术作品的人何止千万。因此从20世纪以来，画家们普遍地重视书籍，这是画家克服专业狭窄化的过程，有益于艺术的综合和传播。

《读者》杂志创刊初期就充分认识到插图对于刊物的重要性，他们意识到：插图不仅是文字作品的点缀，也是同具艺术价值的珍品。一件好的插图是因文学作品而缘起并为文学作品增添光彩，同时就其艺术地位而言，是可以与文学作品相提并论的。我十分高兴地看到，《读者》杂志40年来的办刊历程中一直高度重视对于插图的配置。在这40年中我的成长与《读者》风雨同行，很荣幸地成为见证者。我认为这也是《读者》杂志深受读者喜爱的原因之一。

我虽然所学是国画专业，但对于插图连环画有着与生俱来的喜爱，我初学绘画就是从临摹古今中外插图连环画开始的。那些精美的作品，让我的思想在青少年时代便插上飞翔的翅膀，产生无限的遐想……

说到插图，现存最早的中国古代版画唐咸通九年的《祇树给孤独园》是佛经的插图。而西欧现存最早的《圣克利斯朵夫》则是《圣经》的插图。有趣的是历史上有不少大文豪亲自动手画插图：列夫·托尔斯泰就曾为凡尔纳幻想小说画过多幅插图。普希金不仅留下他生动简练的自画像，还为长诗《茨冈》作插图。屠格涅夫写小说时常先绘制好各色人物，再用文字描写。这是作家对于插图的重视，而大画家们画插图更是不胜枚举，俄国的阿庚、塞洛夫、列宾等都留下了精美的插图作品，现代画家布洛克、马约尔、毕加索、马蒂斯等都从事过插图工作。我国历史上的陈老莲、任渭长的插图，几乎成为学习传统绘画的范本。更值得一提的是新中国成长起来的大师级的画家很多也从事过插图创作：黄胄的《红旗谱》、方增先的《艳阳天》等都轰动一时，影响了几代人。不夸张地说，这些深入人心的作品的影响力甚至超越了他们的独幅创作。

基于这些认识，我丝毫不敢轻视插图的创作。80年代初期正是《读者》创刊的时期，我大学毕业后走上了《甘肃日报》美术编辑的工作岗位，报社与出版社仅一墙之隔。由于工作的性质和我对插图的偏爱，就与《读者》结下了不解之缘。那时的工作条件和生活条件都比较艰苦，想找点资料也很不容易，而插图的约稿一般都要得很急，平时积累的速写默写就派上了用场。《读者》的美编曾告诉我：每期的插图作品从约稿到定稿都是总编亲自审阅后才能通过，能为《读者》画插图的作者都是国内的插图高手。因此，对于《读者》的约稿，我都是认真对待，精心创作，丝毫不敢马虎，尽管那时并不知道《读者》能取得今天的辉煌。

今天面对《读者》的巨大成功，我认为：固然有天时地利人和的因素，但杂志有一支高素质的编辑队伍和有大格局的领导者是关键。回顾往事，这是一段难忘的记忆，特别感谢《读者》给我的帮助和锻炼的机会，这足以使我受益一生。

如今时过境迁，由于资讯和印刷科技的发展，许多报纸、杂志、书籍已经用图片取代了手绘插图，虽然增强了时效性和现代感，却失去了让人留恋的温情，少了回味。从这一点来说，我要为《读者》的坚持而喝彩，也真诚地期望今天的《读者》所做的一切，再过40年依然是读者们的美谈。

2021年6月1日

▲ 1987年11月，为《读者》创作的插图

▲ 《欢乐的河》 138cm×68cm 2021年

第四辑　社会评价

关于赵星

冯 远

认识赵星是先见其画后见其人。本以为赵星像他的作品风格一样，应该是个清峻富有灵气的南方人，虽有特例，但一般认为画如其人嘛。可第一次见到赵星还是让我出乎意外：面前这个人高马大、壮实魁梧的北方人很难让我和想象中的赵星对上号。

在美术界，赵星已经是一个卓有成就的青年才俊，作为同行，我们互相敬重。赵星能成为我的学生说来是一种缘分，一是多年来我一直注意他的作品，二是我在2010年受中国国家画院的邀请，以我的名义开班招收一期工作室学员。经双向选择，赵星成了我们这个集体中的一员。

在确定这10名学员的人选前，我曾仔细了解阅读他们每个人的作品，并对相关资料进行了筛选，赵星的作品具有鲜明特点：他的人物画题材直接源于生活，洋溢着浓郁的生活气息、生动的细节情趣和人文情怀，这一点在时下显得较为难能可贵。从绘画的技巧和语言层面讲，具有较强的造型基本功和默写能力。赵星不仅创作能力强，而且作品感觉好，尤其对水墨语言的发挥具有极敏感的直觉力，笔调灵动，用线流畅。他的画风寓精妙于奔放，个人面貌鲜明独特，写意小品更是信手拈来，他经常作大写意人物画。近期作品《寂静的草原》《格桑花》《清清海子水》《夏日玛曲》较具有代表性。但同时我也注意到赵星的画面，尤其大尺幅的画面，由于注重一气呵成的发挥，缺乏大块面的黑白灰呼应对比，因而削弱了作品的厚重感及力度，但这对于聪颖的赵星来说，是个一点即透，稍加注意便可克服的问题。于是开学后的这一年教学实践中，赵星有意识做出调整改进：一是更加注重构图及大块面黑白灰的对比；二是适度放慢用笔，力求沉着以形成快慢缓急的对比，用线减少飘逸，融入滞涩；减少短、圆线型，增加长、直线以强骨力；三是注重多人物画的形象特征对比，减少并克服习惯性的处理手法。

赵星是一个做事作画都很认真的人，他敏于思，勤于行，敢于舍弃积习中的弊端，在已有基础上做出艰难的改变，通过大量的作业练习，他的进步是很明显的。从最近的几幅大创作，如《欢笑的山乡》《快乐的日子》《母亲草原》《阳光下》等作品看，体现了他的学习成果，十分可喜。

我曾经在课堂上领着大家做画家个案分析讨论，以赵星为例，北方画家的作品气局中应吸收南方艺术的灵秀，而南方画家注重灵动精妙的笔墨表现时却要兼容北方艺术苍茫凝重的内涵气息，这是一个成功的大艺术家必须解决的问题。多年来赵星坚持深入生活，苦练基本功，坚持文化学习，这无疑为他攀登艺术高峰奠定了坚实的基础。今后的路还很长，我相信赵星一定会创作出更多更好的作品，成为一个杰出的中国画家。

冯远：著名国画家、中国美协名誉主席、中国文联副主席

▲ 《欢笑的山乡》　190cm×100cm　2011年

边塞遗风在笔下

谈赵星水墨人物画

徐恩存

水墨画家赵星生在北京，骨子里是古道侠肠的燕赵精神，16岁时到甘肃陇南山区插队，在西部风雪的历练中，经受了生活的砥砺和洗礼，因此，生命中多了些坚韧和沧桑，他也因此爱上了西部，即使后来走出了陇南山区，他仍然钟情于曾经的西部风情，从艺之后，便时时萦绕在西部的人与自然主题之中；所以，西部的人与自然，西部的风情，西部的人文传承便与赵星结下了不解之缘，甚至成为作为画家的赵星的精神支柱和创作的精神资源。

当艺术选择与生命需要、审美渴望浑然一体的时候，画家笔下的创作与作品才能获得饱满、充实的品格，才能有内在的丰富及外在的丰满，作品也因此形神兼备、气韵生动。

赵星正是有了对生活的由衷感受和体验，有了置身于生活中产生的喜怒哀乐，才得以在对生活的了然于心之中提取绘画的形式和语言，并在其中删繁就简，形成诗意的意象和境界，传达内心的体悟。

看得出，赵星的艺术创作是在感受与才情之间的互融互动中完成的。赵星有着扎实的基本功，这使他在理解世界、观察世界与表现世界时，都能得心应手、游刃有余；他驾轻就熟地选择合乎情境的风格、样式与笔墨语言，并在"致广大而尽精微"中恰当地传达出题者的内蕴和诗境意味。我们在赵星的作品中，看到了那种源于生活感受与才华横溢带来的活力与激情，那种不同寻常的美感魅力。

引人注意的是，赵星的作品紧紧把握着中国艺术特有的含蓄与空灵感，强调的是"得意忘形""意到笔不到""画外之境"等，淋漓处率性挥洒、任意泼墨，细致处精微传神、气韵俱足，用笔灵活，富于变化，笔线在虚实之间若即若离，结构处辅以皴擦，使以笔立骨的写意手法结实、稳定而不涣散；用墨以泼墨和浓淡相破手法为主，营造枯、湿、浓、淡的丰富变化及水法带来的墨色幻化，在一片墨韵、墨气之中衬托人物关系，使画面产生流动感，打破了静止状态，在运动中使画面顿生蓬勃之气韵。

我们同时还注意到，赵星的水墨画，十分注意画面的黑白构成与对比关系，使之有利造势与造境，并由此演绎出工写兼具的风格，大处落墨，重整体结构、气势与气韵，小处着眼，重刻画表现与个性塑造，其中，还借鉴了西画的光影手法，丰富人物形象的表现手段，使人物不但形神兼备、栩栩如生，还体现出一种特定性——西部生存状态下，男人的强悍与粗犷，女人的温情与柔美；特别是女性的形象刻画，尤见出手法的独特与功力的深厚，赵星在写实的基础上，淡化了人物的体面关系，以工细的线条勾勒出婀娜多姿的女性体态与身形，又以明暗的渲染处理与光影效果去表现面部特征，使女性形象与神态，既单纯大方，又妩媚柔美，体现出东方女性特有的美感与魅力。

如《梦寻西域》《踏平瀚海千重浪》等作品中，对古典女性的刻画，温婉秀美又隐忍坚强，端庄美丽又含蓄优雅，体现的是一种古典的美感；而在《秋歌组画》中，画家以工写兼具的手法，表现了古典的"悲秋"境界和意象，在疏朗与繁密的对比中，营造一种萧瑟与荒寥的氛围，这是中国文化中一种典型的情境，折射出遥远年代中的文人，在面对寥廓自然时所产生的畅然心境，并在空茫之中寄托自己悲凉的心境，画家以艺术的匠心、充满韵致的笔墨，结构了耐人寻味的画面，让人回味深长；《唐人诗意》《秋意渐浓》等作品，都以笔墨俱佳的艺术魅力，阐释了画家对古典境界的认知与理解，其中不少作品显示出一种独到性。

重要的是，赵星凭借自己对东西部现实生活与风情的谙熟，创作了反映西部民族及东南地区的现实题材的作品，它们之所以引起我们关注，是因为画家在面对现实生活时，不但要提取形式、意象、笔墨，还要体现个人的独特风格、样式、手法，这并不是轻而易举的，也不是人人都可以做到的。

像《轻风》《帕米尔之歌》《吉祥甘南》《人间天堂》等新作，都漾溢着浓郁的现实生活气息和西部高原的清新诗情；特别是画家抒情的笔致和墨韵，表现了他对"人"的主题的关注和理解，在繁简、虚实、黑白、浓淡的对比中，营造了空间层次和人物关系的主次；而且，为使主要人物的性格与情怀得到典型性的表现，画家吸收并融入了某些写实造型手法，给人物以明暗、光影的造型因素，使之生动并充满生命活力，同时，又围绕着典型人物进行环境与气氛的烘托，使作品获得整体的充实与饱满，进而感染着欣赏者，这样的作品沟通着当代人的心灵，让我们看到处在现实生活中的画家不可遏止的创作激情和艺术观念；同时，我们也明显地感觉到，在现实生活中，画家所焕发的灵感与冲动。

坚持拥抱现实生活，吮吸现实生活的清新气息，凭此去结构自己的作品，是赵星艺术创作的重要特征；他以讴歌现实生活，表现生命的美感、魅力为己任，使他的创作显得坚实与稳健，并独具特色，成为画坛一道引人瞩目的亮色；与此同时，赵星并不割断历史，他研究传统、解读传统，从中获取文化的底蕴，使自己的艺术更丰满、更完美。

对于赵星来说，已经取得的成绩，只是他新阶段的起点，他的艺术理想与艺术追求，要在实践中去步步实现；我们有理由相信，赵星在未来定会为我们奉献出更优秀的作品。

（发表于2014年《盛世典藏——当代中国画百位名家精品荟萃之赵星卷》）

徐恩存：著名美术史论家

▲ 2006年，赵星的作品《人间天堂》在北京展出并被中国美术馆收藏

▲ 《吉祥甘南》 168cm×168cm 2006年

生命和艺术之树常青

陈元麟

千禧年的钟声刚刚敲过，就传来赵星罹患重症的消息，亲朋好友们无不为他悬着一颗心，担心他此劫难逃！想不到，奇迹出现了，过了大半年，在鬼门关走了一遭的赵星，又出现在满脸错愕的朋友们面前。他笑呵呵地说道："我怎么可能死呢？"少顷，又说："其实，一动不动地躺在病床上，想到最多的就是死。我想，要是能保住这条命，一定要好好地活，好好地画。"

经历了生死，赵星对人生、对艺术有了新的感悟，更加热爱生活，更加珍惜时间。即便在化疗和康复期间，他都没放下画笔。23年过去了，他的创作不仅没受到影响，相反，随着身体的逐步康复，作品的质和量都在不断地提升。他的画作不断入选全国美展等全国性大展，并连连获奖。他本人先后被评为厦门专业技术拔尖人才、一级美术师。2006年，他被评选为中国画坛百杰画家，从而奠定了自己在当代中国画坛的地位。难怪他的挚友、《甘肃日报》原副总编玄承东先生会如此赞叹道："我佩服赵星，他的生命和艺术一样顽强。"

生命的顽强源于艺术的执着，艺术的执着源于对生活的热爱。

赵星热爱生活，热爱艺术，他有一个特别的爱好，那就是自驾游。自驾游的目的，就是到边远地区采风、写生，搜集创作素材。他的爱女赵崇在一篇文章中提及父亲的这种爱好时，这样写道："一次就是几千公里的旅途在他眼里也不算漫长。他享受驾车的过程，他说与大自然的亲近让他心情舒畅，边远地区质朴的人们让他感受到纯净心灵的美好。他喜欢安静地开车，脑子放空什么也不想。"令人不可思议的是，养病期间，他居然几度独自一人驾车远游，足迹遍及云、贵、川、甘，以及西藏、青海、新疆等西部地区，每年行程达数万公里。当然，他最爱去的地方，还是甘肃，那个他长于斯的故乡，那里有他魂牵梦绕的亲人、好友，以及令人流连忘返的河西走廊、敦煌和甘南大草原。在那里，他"感受历史遗留下来的那份斑驳的厚重，感受民族文化延续下来的血脉和气息"（著名画家冯远先生语）。正是因为这种爱好，他没有被疾病击溃，始终保持着一种平静愉悦的心态。

著名画家吴作人和亚明曾称赞赵星的画"功底扎实，笔墨出新，章法别致"，"生活气息浓，有亲切感"。生性淳朴的赵星，十分善于在极其平凡的生活场景中发现人性的美、生活的美。他画过江南烟雨、竹楼风情、海峡新貌，但画得更多更好的还是古道雄关、大漠长风、草原牧歌。

对于多彩多姿的少数民族风土人情，赵星没有像一般人那样做猎奇式的展示和简单化的图解，而是力求发掘潜藏于粗犷彪悍的表象内那不受世俗污染的真情与美感，力求表现蕴含在艰难严酷的环境中的生命之光和人格力量。早在大学毕业后刚到甘肃日报社任美编那会儿，他就得工作之便，时常穿戈壁、进雪域、闯高原，深入了解兄弟民族的历史与现状，熟悉他们的音容笑貌、秉性脾气和喜怒哀乐。1994年调往厦门后，这种采风活动的时间并没有减少，甚至还更多。

▲ 赵星的风雪采风路

▲ 赵星在河西采风

每次自驾游结束，赵星总是一头钻进画室，接连数日闭门谢绝一切来访和应酬，沉浸于艺术创作之中。

他先是整理带回来的一大摞照片和速写本，然后围绕这些素材进行构图的推敲和布局的经营，几易其稿。于是，那一片疆域、一些族群、一段历史，在他的画笔下，一一被定格成一份神采、一种风情、一个场景。

由于他的作品中常有一种独具匠心的构思和溢出画外的情思，因此，即便在旁人看来或许是平淡无奇的生活小景，日常朴实劳作、休憩的场景，一旦被他收入画中，就立即变成一首温馨隽永的抒情诗。

赵星的恩师冯远先生曾经在一篇文章中这样写道："认识赵星是先见其画

后见其人。本以为赵星像他的作品风格一样，应该是个清峻富有灵气的南方人，虽有特例，但一般认为画如其人嘛。可第一次见到赵星还是让我出乎意外：面前这个人高马大、壮实魁梧的北方人很难让我和想象中的赵星对上号。"

其实，这种"难以对上号"的反差，在赵星和他的作品中，还可以举出许多。

赵星看上去五大三粗，接触久了，才发现他做事精益求精，细心缜密；他平时木讷寡言，似乎对身外之事漠不关心，但与之深谈后，朋友们都会发现，他凡事皆有深刻的观察和独到的见地；他平日里独来独往，似乎拒人于千里之外，但在画中，却总爱描绘热闹的场面；当他身在黄土高原时，心中向往的却是南国水乡、蕉风椰雨。定居东南沿海的厦门后，却始终对西部的高原、雪域、大漠有着难以割舍的情怀。

这些貌似矛盾的反差，巧妙地融合于他的艺术创作之中，从而形成强大的张力，产生了艺术感染力。

著名美术理论家、中国国家画院副院长张晓凌先生曾这样赞叹道："赵星的笔墨兼取书写性和写实性，具有较高的技术难度，这一点，保证了他在细节烦冗的写实场景中，洋溢出文人画般的灵秀逸趣。"

在创作中，赵星总是通过形象构思，将奔放的创作冲动表现为想象的驰骋，或许因为他早年画过连环画，常常将人物置身于特定的情境之中加以描绘。在描绘集市、节庆等活动时，赵星没有直接记录活动现场，而是聚焦观众，通过描绘他们的神情和姿态，真实呈现他们的日常生活，反映他们对生活的热情与追求。

与此同时，他特别注重细节，注重气氛烘托和意境营造，将难以言传的微妙气息准确地表现出来，细腻地再现着人物的精、气、神，抒发着对生活的真、善、美，奔放中不失精微，严谨中不失粗犷，充满柔婉的美感和刚劲的力量。正如张晓凌先生所说的那样："在《月上边关》《风起大漠》等系列作品中，无论是戍边的将军还是手提马灯的少女，无论是骏马上的汉子还是泉边的卓玛，都具有苍涩遒劲的气质；但同时，又有些许不易察觉的哀愁，北方浑厚的气象与南方朦胧的韵致，被略微奇妙地结合在一起。"

作家彭中杰先生还发现，赵星对人物的刻画很注重生命意识和生存状态的自然呈现，在他的笔下，"人物表情往往是平和的，既非大喜，亦无大悲，然而观者却能感受到一缕淡淡的哀愁、微微的苦涩，从而渗透出生活对于人的真实含义。这样的作品，自然要比故作豪放状、乐天状乃至崇高状更有深度，也更耐读"。

这些作品洋溢着浓郁的生活气息、生动的细节情趣和人文情怀，是一种诗的气质和精神的表达。

赵星对画面的把控能力很强，用冯远先生的话说，他在绘画技巧和语言层面上，"具有较强的造型基本功和默写能力"，"不仅创作能力强，而且作品感觉好，尤其对水墨语言的发挥具有极敏感的直觉力，笔调灵动，用线流畅"。

赵星工于写意小品，也擅长大尺幅的作品。无论尺幅如何、题材如何，他都在笔墨上追求出新的写意境界。即便在主题性创作中，他也力求在笔墨语言上做到轻松自然，避免造成严谨有余而生动不足的弊端。尽管构图很饱满，但他注意细节的虚实关系，在皴擦渲染上用笔细密，留白得当，因此，整个画面气息疏朗，笔调清润，毫无大尺幅画作常容易产生的压迫感。在写意小品创作中，他则注意体现传统绘画的文人格调，表现出对笔墨的精微把握以及用笔的微妙变化和墨色的自然幻化。

赵星谦虚、好学。1994年，刚调到厦门工作时，他就发现本地画家善于用水的技法，便虚心向他们学习。两年后，赵星作为厦门市美术界代表团的一员回到故乡参访交流。展会上，兰州的老朋友都惊讶地发现，赵星的画风已经大变，湿笔、淡墨渲染多了起来，整幅画面充满水汽氤氲之感。从此，他的艺术基调和走向逐渐明朗，既有南方画风的温润灵秀，又有北方艺术的苍茫凝重。平时，他还注意研读美术理论书籍，以提高自己的审美水平和理论素养；为了丰富自己的线条表现力，他一段时间苦练书法，遍临王铎的行草书。

2010年9月，赵星被选入中国国家画院冯远工作室研修，他很珍惜这次难得的学习机会。作为厦门书画院院长，他无法放下日常工作专心前往，于是北京厦门两地奔波。那一年，他已经整整50岁了！整整两年间，无论严寒酷暑，无论身衰体病，他愣是没有一次落下课程，其艰难程度可想而知。研修结业后，人们发现，赵星的创作水平已经有了长足的进步。

凡·高曾说过："一个画家即便此刻正被生活中的琐屑与不幸缠身，但绘画，我认为尤其是描绘农民的生活，仍然会给予心灵上的平静。"疾病给赵星带来痛苦，但也给他带来对生命和艺术的思考。大病痊愈后，他曾经对朋友说过："过去提起笔来，首先想到的是看到了什么、画什么。可一场大病，思考最多的是理解了什么、怎么画。""在北京住院那些天，我悟出一个道理，我就是我，我有我的风格；我不是我，每天的我都在新生——这就是艺术和技术的差别。""我的精神家园不在车水马龙的城市中，而是在遥远的雪山草原、大漠戈壁。可以这样说，那种气息已然融入我的血液中。"

从西部走出来的赵星，魂牵梦绕的永远是这片古老而苍凉的土地。这是他的生命和艺术的浸润之源、皈依之地，也是他的生命和艺术之树常青的奥秘所在。

发表于《福建文艺界》2023年第2期

陈元麟：作家，福建省作家协会原副主席、厦门市作家协会主席

生命的色彩

玄承东

中秋时节，赵星到了兰州。这次照例带着创作任务。

有人说，画家是大自然的情人。这话用在赵星身上挺合适。高楼林立、灯火闪烁的都市不太对他的胃口，每年到兰州，待不上几天，就开车到山里去了。说采风也好，说搜集素材也罢，反正就一头扎到老乡堆里，抽着烟，喝着茶，古往今来、云里雾里地乱谝。这不，已逾"天命"之年了，还是老一套。

赵星说，我愿意跟老乡打交道，省心。

上次回甘肃，他还是应央视书画频道之邀，创作《华胥氏与朝那湫》的大画，表现甘肃始祖文化的。在陇东，他一待就是个把月，作品完成后，当地举行了纪念活动，赵星现场即兴发言，央视现场直播，引起强烈的反响。

我已经习惯了赵星这种来去如风的性格。见了几面，东拉西扯，匆匆散摊。我知道创作是个很苦很累的差事，所谓灵感，跟流星一样，稍纵即逝。再想找回来，天上地下费老鼻子劲了，所以不能多打扰，只是很认真地看了他近些年的作品。

和以前相比，他的画风有了很大的改变。当然，山，还是西部的山；水，还是西部的水；人，还是西部的人。不过，少了些飘逸、灵动，多了些凝重、苍茫。特别是笔下的人物，几乎不见浓眉大眼、昂首挺胸的形象，就算是传说中的英雄，除了占据画面的中心外，跟身边的芸芸众生没什么差别。只是他们的腿像石柱一样，脚像铁板一样，休想撼动分毫。特别是那目光，无法用明亮来形容，只觉得深邃、坚韧。

终于有一天，赵星的作品完成了，我们总算多聊了一会儿。

谈起他近来的画作，我说"色彩少了，黑白居多"。

赵星说："看看西部，雪山、草原、沙漠、大河……有多少明亮鲜活的色彩？还有，中国画本来就是水墨画，黑白的表现力已经很强了，色彩多了，画面就轻了。"

我问："你画的人物，为啥男的不够英俊，女的不够漂亮？"

他说："你当过农民报记者，甘肃的农村跑得多吧。见过几个英俊漂亮的？"顿了一下，他又说："荒山野岭，大风大雪的，能养出挺拔水灵的人吗？"

我不以为然地笑笑。

他一脸认真："艺术讲的是真善美。真是最基础的东西。没有真，善和美就站不起来。"

我说："还有，你画的人好像都很严肃。"

他想都没想，直截了当地说："过日子本来就是个严肃的事。特别是山里人，太不易了。小小的就开始琢磨光阴，娶了媳妇或是嫁了人，家里地里，老的小的，吃的喝的，穿的用的，就指望一副肩膀两只手，能不严肃吗？"顿了一下，他又说："表现光明，是艺术的使命。可你总不能把黑的画成白的，蓝的画成红的呀。"

我突然想起20世纪80年代，那句传遍整个中国的诗，只要读过几天书的人或许都能张口道来，"黑夜给了我黑色的眼睛，我却用它寻找光明。"

我问："你这些年画风为啥要变？"

他说："过去想的是画什么，现在想的是为什么画。过去看重的是感情的宣泄，现在看重的是思想的浓缩。"

"为什么画？"

"因为西部的历史、山河、人文给我留下了太多的感动。不把它们如实地反映出来，对不起老天给我的这条命。"

"看重思想浓缩是啥意思？"

"画画，不光要好看，甚至主要的不是好看，是让观众看到画面后面的东西。可最后看到了什么，就不是我的事了。"

我的同事彭中杰先生也喜欢水墨，他评价赵星笔下的人物："表情往往是平和的，既非大喜，亦无大悲，然而观者却能感受到一缕淡淡的哀愁、微微的苦涩，从而渗透出生活对于人的真实含义。这样的作品，自然要比故作豪放状、乐天状乃至崇高状更有深度，也更耐读。"

20多年前，赵星得了癌症，鬼门关上走了一遭。经历生死考验，他对人生、对艺术有了新的感悟。他说："躺在重症室里，我就想，要是能保住命，我一定好好活，好好画。"

七千多个日日夜夜过去了，赵星一直践行着"好好活，好好画"的承诺，活出了独特的追求，生命的色彩；画出了历史的厚重，西部的顽强。

2023年1月10日发表于《甘肃日报》

玄承东：著名作家，《甘肃日报》原副总编、甘肃新闻工作者协会驻会副主席

▲ 红色航线（连环画）

《中国画家艺术研究——赵星写意人物》推介人语

贾德江

在当代文化语境中，一切艺术创作、艺术现象与艺术作为都在无形中表现为一种从传统到现代的嬗变；因此，在今天，中国画的写意风格乃是一种当代文化精神的传达，笔墨意趣乃是一种现代人心灵性情的自然流露，而它们导致的共同结果是开创了写意画的一代新风，在审美层面上展示出了富有创意的境界，在技法表现上"使水墨因之变得充满可能性和魅力无穷"。这一切，成为当代著名人物画家赵星创作的前提。基于这样的思考，他的水墨写意人物力求去接近一种稳定的文化结构，意味与动态的笔墨语言，鲜活的形式，使之在继续保持和谐、含蓄的传统美感中，展示的是当代人的审美情怀与意境追求。

赵星的人物画，极重写意精神，因此强调笔精墨妙、笔情墨韵的意蕴表达。他笔下的人物，从头到脚，无一不由一笔笔变化微妙、浓淡不一，水分充溢、酣畅淋漓的墨色写塑而来，大有笔意纵横、墨味盎然，笔无定法、墨无成规的味道，而这些全出自我们所称为"写实"的严格准确的"解剖结构"，笔与墨的融合如鱼得水，游刃有余，充分显示了画家的才情与造型笔墨功力的深厚。

作为进入新世纪具有代表性的画家个案，赵星的创作显示了中国水墨人物画与西方绘画的碰撞开始由一方向另一方的冲击、改造，变为自然自律的变异、深化、融合。如果说西方现实主义在20世纪打破了传统笔墨与造型素朴和谐的古典绘画形态，那么赵星的水墨人物画的笔墨与造型又展示了对"另一种和谐"的追求。重视传统、重新展示笔墨的独立审美价值，融汇中西绘画的各种观念手法，在个性语言的基础上，把传统笔墨的意味与气韵进行现代化转换，是赵星人物画创作的成就，也是他对推动中国人物画的发展的贡献。

（发表于2014年《盛世典藏——当代中国画百位名家精品荟萃之赵星卷》）

贾德江：著名美术理论家

蘸血为墨描人生

曹　锐

赵星是一个沉默寡言的人，也是一个独来独往的人！

他那不够生动而又漠然的目光背后，却深藏着一颗在绘画艺术上不断进取的炽热的心。这颗心不但顽强地扛起了绘画艺术对他的重负，也顽强地扛起了生命对他的重负！他的路不断地伸向远方，他的路永远没有尽头。我十分遗憾，曾错过了他的首次个人画展。虽然他已远离甘肃多年，我却有幸在他用浓郁的思乡情挥洒成的又一次个人画展上，全面地感受到了他那独特敏锐的审美视线和深切的人文情怀。他以真切深沉的艺术感受，大视野、多角度地展示出甘肃大地的悠远沧桑和深厚的历史文化的壮美画卷。他的笔触硬朗大气，为人们营造出无限的想象空间。他的画笔还把蓬蓬勃勃的生命力凝固成永恒，蕴涵着永不凋零的生命精魂！

虽然这次画展已经过去了好几年，但他流溢于笔墨之间的那种深深根植于大漠雄风与高原深谷的坚韧不屈的精神和高昂激扬的生命力，还有作品中所呈现出的对西部的灵性与神奇、沉重与沧桑的发问和他本人为绘画艺术而献身的苦行僧形象，却时时在我的脑海里清晰地闪现，历久弥新……

极富绘画天赋的赵星，自幼跟随着曾是工笔画家的母亲，勤奋学习绘画技巧，仔细体会自然造化与人间万象。在母亲的呵护下，没有任何人与事能够减弱他对美术的幻想和酷爱。当他终于步入绘画艺术的神圣殿堂时，他心中蕴藏的那份对绘画艺术的神圣追求，便爆发出一种能够穿透一切艰难险阻的力量！这种力量不仅拨开了笼罩在他画上的沉重和艰涩，而且化作了一股激流，这股激流把他的心，变成了探索绘画艺术的浩瀚大海。面对这样的大海，有谁能平息他的风浪呢？

从此，他与绘画艺术心心相印，息息相通，绘画艺术成了他痴心不改的、永远无法移情别恋的心中"爱人"。

他充满激情和充满诗意的绘画语言丰沛地流淌在他的每一幅绘画作品中。那种越来越深刻地渗透到他生命骨髓中的无法言喻的对绘画艺术的酷爱，使他不断地在绘画艺术中感受与捕捉敏锐的艺术感觉，从而构成了他生命和人生中最为真实、最为辉煌的场景。这一切，都支撑着他在绘画艺术的道路上越走越执着，越走路越宽。

面对世界上形形色色的诱惑，他始终保持着他那份执着与宁静。他将他的人生完全投入绘画之中，单调机械地与画笔相伴，但他丝毫没有感到失落和孤独。于是，他的艺术便在日落日出、潮来潮去的时光流逝中逐渐走向成熟。他苦行僧般的生活方式确保着他对绘画艺术高度的尊崇，确保着他的绘画艺术不受功利主义的羁绊。他把虚构的绘画世界建立在他脚踏着的大地上，不断地用手中的画笔去体验人生，去丰富，去超越，去弹奏最为理想的华美乐章！

城市是喧嚣浮躁的，时时刻刻存在着吞噬他对绘画艺术的梦想与灵感的危险。于是，他经常背上行囊，退出都市的浮华，掩藏在深山的皱褶里，与刚劲浑朴的大山对话，与神秘荒凉的深谷对话，与寂寞无语的菩提对话，与在凛冽寒风中的牧羊人对话。他在他们中间不断寻找滋养灵魂的那份甘露，寻找通往精神家园那迢迢心路历程中的驿站。于是，他的画笔之下便有了倾吐的语言，有了《天边的红云》，有了《风雨草地边》，有了《雕刻嘛呢石的人》，有了《昨日秋风入汉关》，更有了《风起黄昏》《天涯苦旅》《无人区的星光》《沉浮我自似荷钱》等许许多多佳作。

他那些捆青草为笔，蘸心血为墨的画卷，无论是巨制还是尺幅，画中的满腔爱意和浩然大气都荡漾纸外。

生命是条布满暗礁和险滩的河。懂得欣赏贝多芬《命运》交响曲的人很多，但没有多少人希望自己的命运之河布满暗礁和险滩。正当他在不断攀登绘画艺术高峰时，只是一瞬间，命运就将他美好的现实变成了一场噩梦！不幸患了淋巴瘤的他，从此每天都必须服用大剂量的药物，每周都要接受可怕的化疗和放疗。那些化疗和放疗所用的药物，使他饱受了人生中从未曾经历过的最为痛苦、最为残酷的折磨，使他无法进入绘画的梦想，只能陷进病痛折磨的深渊……

躺在病床上的赵星，望着疾病把他健康的生命一寸寸地浸没时，望着疾病把他健康的生命随时会变成一个滑落的音符时，他无法面对疾病所带给他的恐惧，无法面对病痛的折磨。这一切的一切都不得不让他深深地思考着一个主题，那就是生与死。

当他一个人被医院隔离在无菌病床上时，他的心情顿时变得异常的沉重和敏感，只要有一丝的力气，他就会不停地捕捉着窗外的一切声音。他等待着早已在他心里踏响了无数遍的父亲的脚步声，他多么想让父亲亲自叩响那扇使他通往健康的门啊！可是，他的那双随时可以看见整个世界的眼睛，却再也无法在他的世界里，看见他的父亲！

因为，他的父亲早已带着生命的最后一刻也未能见到儿子一面的心痛的遗憾，在儿子病重期间辞世了。

但是，赵星这个坚强的汉子，并没有被残酷的命运所击倒。他以顽强的毅力，在失去父亲的痛苦中坚持着，在病痛的折磨中煎熬着、锤炼着。在这烈火焚心般的磨炼的过程中，使他拥有了一种坚强的力量。这力量为他的人生开辟了一种宽广深厚而通达的胸怀，使他与残酷的命运并肩同行，使他与恶魔般的病痛并肩同行。他勇敢地正视着命运对他的袭击，勇敢地正视着被病魔不断摧残的身体。他竟然在没有完全康复的情况下，背起行囊，拿起手中的画笔，犹如竞技场上的角斗士，又如他笔下《天涯苦旅》中昂然前行的高僧，一步一个脚印地行走在苍凉的大地上。他把与病魔抗争、与恐惧抗争、与命运抗争、与生命抗争的彻悟，尽情地挥洒在他的绘画作品之中。从此，软弱与恐惧与他绝缘。

当一个人经历过从生命的高台跌入黑暗的深谷，然后独自悄然爬起，便使他的艺术呈现出了一种大彻大悟的境界。最近，我看到了他在病中创作的30多幅作品，这种精神、这种境界和感念更是洋洋乎充溢其间。无论是千笔纵横的巨幅之作，还是寥寥几笔的疏落小品，都是大气奔涌，意韵深远。从画中渗透出的善与美的真情，能使你的心灵得到净化。尤其是他的那些不刻意追求唯美，只追求震撼效果的人物画，更是焕发出撼人心魄的力量。因为他把人的状态、心灵、无奈、灵魂、超然、软弱，包括命运的软弱和命运的痕迹，都诠释得淋漓尽致。同时，我也在他的作品中读出了一句话，只要他的生命不止，他就会为了他的绘画艺术继续背起行囊，为艺术再次启程。因为他的灵魂从来没有被其他的东西套上躯壳，他就像一股强劲的风，飘到哪里便会把他的生命写意到哪里！而且，在他的生命中，永远不再会有恐惧、黑暗和孤独。因为，无论他走到哪里，绘画艺术都会在他的心灵中点燃一支永远不灭的红蜡烛！

（发表于2004年散文集《我永远的情书》）

曹锐：著名作家，甘肃省文联副主席

我所了解的赵星

赵 崇

我的老爸赵星在别人眼里是个成绩不俗的画家，有些清高孤傲，言辞犀利不合群。而在我眼里，他不过是个有些内向敏感的居家男，带些完美主义倾向，养家做饭带孩子样样精通。

有人初见赵星便觉得他高傲。与生人说话时，他常低着头，语气生硬，少有眼神交流，若有所思，一副正经模样。但当与他相处久了才知道，赵星对凡事都有自己的见地，也会说些荤段子俏皮话，像孩子一样笑。总"不拿正眼看人"也是太敏感内向的缘故。

每有活动，他总躲在人群中，每逢酒宴，他总是借故不去。在外人看来他是清高不多事的，他也似乎在营造着一个清高的形象。而我暗自揣测他是不懂得应酬，不知怎样说些客套话，故而在人多的场合有些局促不自在。再者他也认为世上确有比吃饭喝酒更重要的事，这样一来他就更不愿参与应酬了。但这样做也让人觉得他未免有些不近人情，消极孤僻。

他善恶分明，好恶总写在脸上，从不把坏的说成好的。别人说他"傻"，不识时务。他也是有些"傻"，年纪不小却像孩子一样，内心的理想王国中容不下半点邪恶不公。他总能用灵敏的洞察力看见"恶"，并直言不讳。因而在别人看来，他是有些"阴暗"的，但我知道那"阴暗"很光明。眼里满是黑暗，正因为他憧憬着最纯粹的光明。

在那"阴暗"表象下的赵星像是另一个人。爱旅行，喜欢小动物，偶尔做些恶作剧，说些荒唐话，耍些小心机，但从来不害人，对经济形势和红烧肉的做法都有自己独到的见解。

赵星喜欢自驾游，一有空闲便独自驾车隐身于大自然的怀抱中，不知开着车跑了几万公里，据他自己说快40万了吧，一次就是几千公里的旅途在他眼里也不算漫长。他享受驾车的过程，他说与大自然的亲近让他心情舒畅，边远地区质朴的人们让他感受到纯净心灵的美好。他喜欢安静地开车，脑子放空什么也不想。

在我看来，一个人若能沉浸于那种孤独也真是件难得的奇事。这种旅行也为他作画提供了素材，他的作品中的形象都源于真实的观察。他最爱去的地方还是甘肃，那个他生长的地方，有他的亲人，他的挚友，黄土、高山、大漠、草原。

他爱看《动物世界》之类的纪录片，喜欢一切带毛的动物下的小崽，并时常感叹"真是太可爱了"！他总能把我带回家的小动物——诸如小兔、小鸡、小鸭、小乌龟，养得又肥又大，并与它们建立深厚的情谊。他还常督促我给桌上的含羞草按时浇水，认为那样有灵性的植物要是枯死了实在太可惜。

一天，他对我说："楼下卖菜的女人从十多年前就在那里卖菜，眼看着她就这样地慢慢老了，却还是日复一日地站在那里卖菜，真可怜。"我拿他打趣："你是不是对她产生了一种特殊的感情？"他面有愠色地说："你这人真是没有一点悲天悯人的情怀。"我知道他的意思，也想告诉他，我说的并没有错。他是总能产生那样"特殊的感情"，小到关怀一株草，大到留恋一座城。

这样的一个人又怎么能说是阴暗不近人情的呢？他爱生活，爱世间的一切美好。只是他太讲原则，敏感的心又太容易受到伤害，无形中为自己树起了一座高墙。

我常说，赵星如果不做画家，在别的行业也能很成功。因为他做事认真细致，力求完美，又有超人的记忆力和分析能力。他的老师冯远先生有这样的评语："赵星是一个做事作画都很认真的人，他敏于思，勤于行，敢于舍弃积习中的弊端，在已有基础上做出艰难的改变……"的确，绘画才是最适合他的事业，他用画笔表达情感，不用逢迎顺应什么，做了最真实的自己。

赵崇：厦门艺术学校教师

▲ 2018年，赵星全家在柬埔寨

▲ 在滇桂交界的山乡德峨采风

149

步履，从西部迈开

品评赵星的国画创作

彭中杰

中国画的本质特点，乃是将自然形态与人性、人情相参缘，使原属无情、无性的自然形态入情入理，意出象外。传统中国画，尤其是山水画，几乎无不合乎这个理念。然而当代一些意识更新的人物画家，其突出特点却是将人与自然形态相扭结、相勾连，使人情、人性与自然之气贯通、交融，画家因此而获得形象塑造与生活再现的主动性，将人物的客观描摹升华为艺术创造，从而弥补了中国人物画长期为写生模式羁囚的缺憾。

我省出身的国画家赵星不久前从厦门来兰州举办了一次个展，推出的几十幅中国人物画比较有代表性地体现出上述的绘画观念。生长于陇南白水山间的赵星，与生俱来和自然造化有着不可割舍之情，他与云山岚气相吞吐，与大漠孤烟相颉颃，与高原雪域相交融，然而他钟情的绘画题材始终是人物，而没有在山水之间寻觅艺术的栖宿。其原因与他早年致力于连环画创作，具备了准确的人物造型能力与坚实的线描功底有直接关系；或许也可以认为山水画是赵星给自己留的一条"后路"，因为艺术家最终都会走进哲学的境界，到了那种境界的画家大都不再甘愿受固定绘画程式的约束，即使继续画人物，也往往会用变形的手法来表达哲理寓喻。而中国山水画则以其特有的天人关系和构造自由，使画家能够随心所欲表达出自己的宇宙观与人生感悟。赵星的个性属于沉静善思的类型，因此可以断言，他必定会走上以笔墨表达思想与哲理之路。但就目前而言，赵星之所以心无旁骛地进行人物画创作，其主要原因是他已经在人物画中灌注了自然之气，表现出了生命环境的蓬勃温润苍凉乃至严酷，从而揭开人物的内心世界与人生经历，挖掘出人的精、气、神、力所包含的最本原的美感。

有趣的是赵星这位西北汉子，当他身在黄土高原时，心中向往的却是南国水乡、瘴烟蛮雨，为此他只身去西双版纳采风写生，饱览异族情调。赵星那个时期的作品，显得纯净、淡远、轻灵，细致的线条若有若无，恰到好处地勾勒出人物的面庞、衣褶，淡墨、淡赭、淡绿略加点染，然后阔略地挥洒出几片蕉叶、一束藤萝，使画面笼罩一层极为柔和、朦胧的诗意。赵星这个时期的创作，奠定了他的艺术基调和走向，他极力强调细线条对质感的丰富表现力，千变万化只是一根线的散步，从而把中国画"笔"的运用从书法线条的限定里解脱出来，使其真正成为绘画语言。他的用"墨"则十分谨慎地把握在略加渲染的程度上，然而一画之内，墨的焦、浓、重、淡、清却能有机互补，表现出丰富的层次和色感。赵星对于人物的刻画，注重生命意识和生存状态的自然显现；人物表情往往是平和的，既非大喜，亦无大悲，然而观者却能感受到一缕淡淡的哀愁、微微的苦涩，从而渗透出生活对于人的真实含义。这样的作品，自然要比故作豪放状、乐天状乃至崇高状更有深度，也更耐读。

赵星调厦门工作后，突然迸发出对西北高原的深厚感情，他一年一度，甚至二度奔回甘肃，下甘南藏区，入祁连深处，反复领略西部山川的雄奇壮伟与深沉苍凉。从他的雪域风情画中可以透视出，将要步入不惑之年的赵星，已经走进艺术家的心灵孤独期。由于艺术家此时已经告别学院教育与师长熏陶的影响，尤其是从模糊的、空幻的人生追求中醒觉过来，以深邃的、了悟的目光审视自我，从而摆脱了与他人对比的参照式创作方法与思维方式。进入这个阶段，也就是达到了"文章千古事，得失寸心知"的境地，并在这个基础上确立真正的个人风格。赵星回过头来重新画雪域藏胞和边关戍卒，他所抓住的西部性格正是游牧民族在高天厚土之间生存的孤独感和沧桑感。他的线条运用更为娴熟自如，用墨则更为泼辣放诞，与自称"好色之徒"的一些画家相比，赵星可谓"惜色如金"，他设色极少极薄极轻，只在必要处略施一点，达到"明一而现千万"的效果。这些人物画的背景，赵星采用了具有抽象意味的笔墨处理，然而这些简略的线条和墨色块面，却十分具象地、传神地表现出地域特色和环境气氛，因此而成为赵星突出的笔墨风神。正是这种极具个性的风神，使他的作品获得了一种低沉的音乐节奏和伸延的空间意象，从中可以感觉到自然之气的隐现与艺术美感的释化。

在艺术观方面，赵星不赞同传统与现代的意识分野；他认为画家是个矛盾体，作品也是矛盾体，艺术的构成与表现只是借创作灵感来将多元的艺术感觉和思维运动暂时地统一起来。作为一个中国画家，他强调国画意境与技法的纯粹，即使接受外来的长处，也须通过国画的"胃液"来消化、吸收，达到强化自身的目的，而不是借外来优势弥补自身的缺陷。所以他审慎地对待西画理论与技法对中国画的"侵蚀"，同时也就强调国画的民族气质和生活气息，以及传统气韵与精神气格。从他的作品里，我们可以感觉、领会到中国画的全部精魂：气息之清，气质之厚，气格之宽与气韵之醇。

　　赵星是大有希望的。

（1999年1月13日发表于《甘肃日报》）

彭中杰：著名作家，《甘肃日报》主任编辑

赵星：找寻黑白墨色中的极致表达

焦 雯

这一切在赵星的身上，都趋向极致——传统而极具书写性的笔法，与浸透着现实气息的题材选取；细腻传神的情态刻画，与疏朗写意的大笔挥洒；温润如水的南国韵致，与粗犷豪迈的西部风情……一个人的作品之中能同时集中上述特质已属特例，更何况让这一切都趋于极致。

因此，许多初识赵星的人都会像中国文联副主席、著名画家冯远先生一样，有些出乎意料："本以为赵星像他的作品风格一样，应该是个清峻富有灵气的南方人，……可第一次见到赵星还是让我出乎意外：面前这个人高马大、壮实魁梧的北方人很难让我和想象中的赵星对上号。"

虽然已定居厦门近20年，但生于北京、长于甘肃的赵星身上，依旧带着股西北人的直爽豪放和一往无前。这或许也是他选择攀登大写意人物画这座中国画领域高峰的原因：画人物，可得千姿百态，再无重复；大写意，方能恣意挥洒，酣畅淋漓。

画画：是梦想更是宿命

今年五十有三的赵星，习画已有40余年。因为妈妈也是画家，赵星从小便觉得，画家是世界上最了不起的人，一支笔、一盒颜料，便能造出个梦一般的多彩世界。童年时，他最好的玩具便是妈妈的画笔，最爱看的书就是妈妈收藏的画册。自6岁那年开始正式习画，从此，他就再也没放下过画笔。

小学时赶上"文革"，每当学校停课闹革命时，赵星便进入了自己的精神世界，临摹传统线描、连环画几乎是他每天的必修课。中学时，他在启蒙老师的带领下开始学习中国画的入门技法，花鸟人物等各类题材均有涉猎。

1976年中学毕业恰逢知识青年上山下乡，赵星与14个同学稀里糊涂地被派到农村，成了农民。虽然吃不饱穿不暖，但他从未放下过手中的画笔，即使在看不到前路的日子里，他也始终坚持着自己的梦想，经常凭借这一技之长到县里画宣传画，搞展览，"就是当个农民画家也行啊！"忆起当年，赵星说自己从来没有考虑过未来，只是单纯地一心想画画。

第二年恢复了高考，赵星第一时间参加了考试，并凭借过人的才气考取了西北师范大学美术系，在专业方向上，他并没有随大流选择"洋气"的西画，而是坚持了自己钟爱的中国画专业。

因为"文革"刚结束，学习的机会来之不易，老师与同学们的热情都很高涨，老师要求严格，学生们也精进钻研，而赵星又是同学中较为勤奋的一个。毕业时，品学兼优的赵星被分配到了当时最好的单位甘肃日报社，担任美术编辑。此后的13年，他因工作需要画了大量的插图与连环画，奠定了坚实的人物造型基础。

写意：让有力量的笔墨迸射纸端

十余年的繁重工作，未能磨灭赵星对绘画艺术的热爱，反而让他更加希望深入下去，从事专业的艺术创作。30岁时，赵星重新拾起国画创作，开始了第一次艰难的转型。"其实从素描、工笔画的画法转变到写意画还是很不容易的，即便有造型、构图的功底，用水墨语言表现作品又是另一回事。"赵星开始凭借自己的悟性，在实践中博采众长，最终顺利地完成了这一转变。从1984年起，他的作品连续入选全国美展，开始在全国崭露头角。

1994年，他调入厦门文学杂志社，如愿以偿地开始专心从事中国画创作。特殊的人生经历和极高的悟性，使赵星迅速将西北的粗犷和南国的灵秀结合起来，造就了其水墨作品的灵动。北方人看赵星的作品，常常以为是南派，那种水墨淋漓的氤氲是一般北方画家难以表现的，而南方人看他的作品，却又觉得多了些南方画家少有的奔放豪情。

40岁那年的一场大病，彻底地改变了赵星的人生轨迹。面对生与死的考量之后，赵星从原先的快意人生回归到了最质朴的生活之中，对人生、艺术都有了新的体悟。不再抽烟，不再嗜酒，不再参与无谓的社交活动，少欲寡言，深居简出，除了画画，还是画画。"杂念少了，更纯粹了。"赵星这样总结自己最大的改变，这场疾病，不仅没有成为赵星艺术生涯的绊脚石，反而成为了他专心创作的契机。自此之后，赵星加快了走向大写意人物画的步伐。

扎实的功底，独特的风格，很快为赵星在美术界赢得了一席之地，各种奖项、名誉纷至沓来。连续五届入选全国美展，获"当代中国青年书画展"优秀作品奖，入选中国美术出版界提名"中青年国画家50人作品特展"，被全国近30家美术专业出版社联合推荐提名为"100位最具影响力的国画家"……

观赵星的画，总觉得有股力量，有股热忱，几乎要迸发于纸端，在中国画里，很少能看到这样的一种立体和有力度的表达，也很少能看到对现实题材和底层人物的直接关注。无论是细致入微的人物刻画，还是惟妙惟肖的情态表现，抑或是大笔挥就的衣饰、场景，总能不多不少，恰到好处，若无极强的造型功底和笔下功力，断断是达不到此种效果的。而没有对生活的热爱，对生命本真的理解，也断然无法描摹出各类人物的千姿百态。

追寻：拓展写意人物画的时代表达

尽管已算是功成名就，但赵星从未停下追寻的脚步，对艺术的求索，已成为他生命的终极主题。2010年，赵星被冯远先生选中进入在中国国家画院开设的高级研修班，据说这也是中国国家画院有史以来水平最高的研修班之一。两年来，在冯远先生的指导下，赵星改变了从前的一些积习，如画面力求更加完整，增加了冲击力与厚重感，进一步摒弃了画面中个别的琐碎和凌乱，增强了画面的骨力，人物形象刻画更具体、更个性化，也更加生动。

"他的人物画题材直接源于生活，洋溢着浓郁的生活气息、生动的细节情趣和人文情怀，这一点在时下显得较为难能可贵。赵星不仅创作能力强，而且作品感觉好，尤其对水墨语言的发挥具有极敏感的直觉力，笔调灵动，用线流畅。"冯远先生如是评价赵星。

中国国家画院副院长、著名美术理论家张晓凌则认为，赵星的作品将北方浑厚的气象与南方朦胧的韵致，奇妙地结合在一起。"赵星的笔墨兼取书写性和写实性，具有较高的技术难度，这一点，保证了他在细节烦冗的写实场景中，洋溢出文人画般的灵秀逸趣。"

赵星的绘画特别强调中国画笔墨的书写性、绘画性，他将西画比较科学的造型手法与中国画意向性的传统笔墨相结合，用明暗、透视、线条和大块的墨色来塑造画面的整体感、体积感，这极大地拓展了中国人物画的表达空间。

"我主张笔墨当随时代，却也坚持中国画必须在传统的技法上来加以发扬光大，就像我们不能用唱歌剧的方法来唱京剧一样，失去了笔墨，中国画就等于转变了基因，也就不中国了。"赵星说，自己追求准确的造型和生动的形象刻画，创造具有中国画书写性的笔墨语言完美结合的画作。

未来，作品的写实与书写性，以及气韵生动，仍将是赵星为之努力的方向——在黑白墨色中找寻一种极致的表达，已然是他此生不渝的追求。

（发表于2013年9月23日《中国文化报》）

焦雯：《中国文化报》记者

▲ 左上：下乡写春联
右上：在布朗山寨
左下：2017年，率厦门书画院采风团赴太行山
右下：2013年，在塔公草原

在那片苍凉奇异的天地之间

泓　莹

西北汉子赵星是寡言的人。

他多数时间独来独往、不修边幅但彬彬有礼，相貌粗犷，性格沉稳，很少呼朋引伴，不见大声喧哗，从不趋炎附势，更厌恶鸡鸣狗盗的小人行为，但他往往无言，漠然以冷面相对。只有在谈及艺术创作时，方见其目光炯炯、激情流溢的一面。

与赵星共事几年，从未听他说过一次大话。倒是有一次无意间聊及所谓的先锋前卫之类的话题，他说了一句话，至今令我印象深刻，他说弄点花样咋呼一下、操作一下挺容易，踏踏实实练好基本功，真正去感悟人生，甘于寂寞埋头创作，其实才是最艰难的。

绘画与所有的文艺创作一样，需要天赋，更需要一定的文化积淀和丰富的生活阅历，心浮气躁，缺少底蕴，是极容易被别人牵着鼻子走到死胡同里去的。艺术是独创的，作为艺术家必须去寻找你自己独特的艺术感觉。赵星家学渊源，从幼年就接受艺术训练，他阅读面甚广，有相当高的文化修养，这从他日常言谈举止，从他画中那些诗意盎然的命题中就可以看出来，但最可贵的是他从未将自己束之高阁，关进"艺术"的象牙塔，他在大西北生活了几十年，不断地把自己"放逐"到最偏远、最荒凉的地方去体验生活，他孜孜不倦地解读苍凉辽阔的西北高原，那些在严酷的蛮荒僻野中顽强地生存下来的活泼生命，一直是他创作的主要源泉。

那时他笔下那些燃烧着生命火焰的人，往往就嵌在苍茫辽阔的背景里。有时呈现出一种壁画式的斑驳邈远，如《雕刻嘛呢石的人》；有时是古朴沉重的木质车轮，似乎象征着人生伊始便艰难跋涉的漫长历程，与线条勾勒鲜活灵动的青春少女形成强烈的对比，整个画面交织着生活的艰辛与灿烂的希望，如《天边的红云》；获奖的彩墨画《风雨草地边》，饱经沧桑的藏式建筑则主宰着整个画面，沉郁悲壮，凝聚着深邃厚重的历史感。

1994年，赵星从西北调到厦门。

艺术家豪放不羁的心灵，没有沉湎在现代都市的灯红酒绿里，更不满足于平淡庸常的小康生活。也许是南方温润的气候与广袤严酷的大西北反差太大吧，厦门这个美丽的海滨城市反而激起他对那广漠黄土地刻骨铭心的思恋，令人心驰神往的《魂系高原》，也许正是这种心境的深刻写照。

身在南方沉默寡言的赵星，谈及大西北时往往热情洋溢，汩汩滔滔一泻千里。这几年，他频频回到大西北，辛勤地跋涉于荒漠戈壁与星星点点的游牧民族之间，摄下了大量自然风光与民俗照片。

在那片苍凉奇异的天地之间孕育的情思汹涌，不断蕴积着澎湃着，犹如大海涨潮，滚滚而来，一浪高似一浪。今年，赵星进入了一种近似迷狂状态的创作高峰，他如火如荼地挥洒他的画笔，奇妙的灵感喷涌而出！赵星说他最喜欢的季节是秋天，这该是一个沉甸甸的金秋。

《远方》《雪季》和《早春》这一系列，延续了画家以往的风格，是对在严酷的自然环境中不可遏抑的青春生命由衷的赞美，但从《早春》开始，人物在画面所占的比例逐渐增大，往日画作中凄清迷茫的背景日趋爽朗简洁，充满激情，充满动感。

《昨日秋风入汉关》以浑黄的色调烘托出古代驻守关外兵将的形象，画面上主人公一身戎装，若有所思，似有所悟，豪壮悲凉之余，是浓浓的思乡情绪。《苍原》，那个高鼻深目的突厥女子正当丰姿绰约的盛年，没有笑容一脸沉思，那精心勾勒的棕色眼珠，刚毅的嘴角，坦然地面对跌宕起伏的人生，荣华富贵皆是过眼云烟，这样的女子，她心中该收藏着整个世界！人物衣着和苍茫的高原，则用粗重的焦墨恣意拖宕，水墨渲染的浓云翻滚，低低地倾压着地平线，是严峻的暴风雨要来了吧？

《昨天的太阳》表现的是老得几乎看不出性别的牧民。正午时分，人与马皆静静地伫立，根根白发纤毫毕现，条条皱纹历尽沧桑，老人枯涩的脸上读不到任何喜怒哀乐，你可曾想到灼灼的青春逼人？青春短暂，生命可贵，这没有表情的脸蕴蓄着的，也许是最丰富、最复杂、最深刻的人生体验。在《风起黄昏》中，精神矍铄的老妪手执转经轮，缓缓地行进，是去冈仁波齐神山朝圣，抑或是回自己的帐篷烧煮奶茶？黄昏里枯草飒飒作响，她面对肃杀的秋风微微含笑。藏族人于生于死，受佛教轮回观念影响至深，缥缈的灵魂像风，却与亘古不变的天地共生，对于灵魂载体肉身的衰老，被流逝的岁月侵蚀得骨骼清奇的老妪大概看得很淡很淡，淡到近似纯净、近似空灵。

《天涯苦旅》是有德高僧昂然前行的刚毅侧影，真正的殉道者旅途永远没有终点，犹如艺术家的追求永远没有止境，一步一个脚印，步步艰辛，步步鲜明如炬；《无人区的星光》，是朝圣者超越生命禁区，闪烁于肉体极限处不朽的精神之光，无声的画面呈现出沉毅的力度，孤寂的朝圣者踽踽独行，默默伫立，一如那已沉寂千年依然存在的古城残垣。

与赵星以前那些意境邈远的作品相比，他今年创作的这组形象各异的西部人物画显得凝重沉实，背景多半单纯粗犷，或一截缄默的废墟，或一坨激荡的浓云，或一只摇曳的木桶，人物表情丰富的面部则精描细绘，极富层次感，其写实的程度不亚于传统的油画，其深邃厚重的内涵令你心情激荡，浮想联翩。

赵星创作的路子很宽，与这组粗犷奔放的西部人物同时诞生的，还有《坐等秋风罢读书》《愿为持竿叟》《沉浮我自似荷钱》等一系列文人气息很浓的人物写意画，风格技法与前者迥然不同，无论是浓墨泼洒或细线勾勒，人物或静或动，或醒或醉，笔触酣畅淋漓，意境深远，禅味十足，那是画家自己对人生况味的深刻理解。

赵星是真正的艺术家，因为他功底扎实，有独特的艺术感觉，有丰富的生活底蕴，更因为他具备艺术家的独立人格和执着坚定的探索精神；赵星是很好的朋友，因为他为人随和，慷慨大度，从不斤斤计较。走近赵星，你可以说真话，读赵星的画，你可以看到他胸中有个辽阔坦诚的世界。

（1998年9月发表于《厦门日报》）

泓莹：作家，《厦门文学》原编辑

听赵星老师讲座心得

史忠平

赵老师在短短两个小时里为我们讲解了中国画的竞技问题、标准问题、笔墨变迁问题、线的问题、虚实问题、水墨画与中国画的区别问题、传统与创新的问题以及他自己在创作中遇到的问题和解决的办法。基本涵盖了写意人物画乃至中国画的所有核心问题。可以说，为我们进一步理解和认识中国画提供了有益的帮助。

赵老师画画信手拈来，凭他的实力和经验，做讲座也必然是信口拈来。但是，他为今天晚上的讲座准备了好几天，因为，在赵老师心中，这是一次给母校的汇报讲座。我想这不仅是一种态度、一种感恩、一种情感、一种感动、一种精神，更是一种人格，是我们后学需要学习和继承的。

赵老师说，大学毕业时，老师给自己的评价是"品学兼优"，退休时，领导给自己的评价是"德艺双馨"。这是对一个学生，对一个艺术家最高的荣誉。赵老师是当之无愧的。希望我们每个人都为这八个字而努力，方能不负老师的培养，也不负我们所学的专业。

赵老师说我们从事的专业是艰辛而幸福的。这是一个从艺几十年的艺术家的肺腑之言，是赵老师提出来供我们每个人终其一生来感悟的命题。

赵老师以自己的亲身体验鲜活地阐释了"一千个读者眼中有一千个哈姆雷特"这句话。中国画的传统是博大精深的，同时也是包容、开放的。正因如此，它能为每一位探索者敞开胸怀。每一位成功的艺术家都是深植传统，又能在传统中理解出新意的人。所以，赵老师说好的画家必须是承上启下的。

赵老师借用冯远老师的话说"每一幅画画完就像是还了一笔良心债"。希望我们努力学习，认真画画，好好还还我们的良心债。

最后，赵老师给我们提出一个希望，那就是"让我们的思想插上翅膀"，只有这样，才能放飞我们的艺术梦想。

史忠平：西北师大美术学院教授、副院长

在赵星先生画展开幕式上的发言

周　旻

　　西北来的赵星先生，已经退休了。今天在他长期工作的厦门文联，展示他的创作成果。对一个职业画家而言，这是一个隆重的艺术生命仪式。我很荣幸来观展，并说一说我的观感。看赵星画展，画里画外，我个人认为有"三看"。

　　一、赵星先生在西北已有相当好的艺术成就，为了特区发展，当年他和夫人南下，来到鹭岛生活创业，在南方的一片苍翠中，我偶尔会见到这个北方汉子，他浓眉上扬，鼻梁高挺，语速缓慢，音色浑厚。前世仿佛汉唐武将。几年前，我作为市拔尖人才评委，系统地看了他的作品，看到他的作品连续五届参加全国美展，以及许多全国省市一等奖荣誉，不禁肃然起敬。一个有作为的人才，在绘画领域，南北开花，尤其在厦门的成就，令人刮目相看。赵星先生倡导艺术创作正确导向，团结画家共同进步，长期坚持精品创作，他的执着正直与豁达，给我留下很深的印象。赵星先生和许多生活在这里的人们，为厦门的文学艺术繁荣，做出了贡献。应该好好感谢他们！

　　二、在中国绘画史论中，有一个共识，认为所有的品类里，人物最难。从唐代吴道子开始，宋代李公麟，明末陈老莲，清代黄慎、闵贞、任伯年等著名人物画家，都以线条表现力著称，他们刻画塑造人物，留下许多方法，以至于成为后来画谱里的案例。而这些优秀传统，有一个共同的特点，就是以书入画，形成书画通融的美学性格，影响深远。

　　赵星先生跟我说，他6岁就开始临摹《芥子园画谱》，打下童子功。生活在

特殊的年代，他画海报，画连环画，画插图，都可见精彩的线描功夫。进入专业领域，承担了大量重要创作任务，更是倾力投入，费神费力，长期站立，伤脚损腰，伤痛不断。这样付出的回报是，笔下诞生了一批公认的优秀作品。

在我看来，重大题材的驾驭能力是他的特长之一。重大题材都是主旋律，容易概念化。艺术创作需要生动亲切。《毛泽东在才溪乡调研》是党的领导人践行群众路线，坚持调查研究的名篇。赵星先生创作这个大画，再现毛泽东同志洞悉民情的风采。在纪念中国共产党百年诞辰之际，赵星先生在长汀采风，看到当年汀江红色交通水道，青山作证，他浮想联翩，笔墨留痕。近期创作的神话系列，体现先民以生命搏击未知领域，探索宇宙的精神，画面混沌无垠，恢宏壮阔。这样的致广大，有深度有厚度。

善于塑造群像是赵星先生特长之二。这个方面他能力出众。群像塑造往往是宏大叙事结构的基础。如果没有鲜活的人群，致广大就没有人间烟火味。《古厝新人》表达民间民俗的快乐瞬间，很有感染力。新郎仰首前方，喜悦担当，新娘颔首低眉，娇羞矜持，一众乡亲欢天喜地，人物错综交织，又朝着一个方向拥进，在欢乐中凝聚出一个个片段，形成律动的节奏。

突出的线条质感与墨韵协调共处，形成写意人物的"赵家样"，这是其特长之三。这一点在其画作中随处可见。赵星先生说，有一个阶段用长线条多一些，后来用短促的线条多一些，都在探索如何更好地刻画人物。中锋线条的使转疾涩，传承了传统文化书写性精髓。同时，人物造型准确，兼具素描写实的要求，吸收历史上大家人物造像的书法运笔，结合构图的现代性，加上大面积层次丰富墨韵，在致广大下，有严谨的精微细节衬托，画眼恰到好处呈现。画面既沉着又通透，实现散点透视和焦点透视的融合，这样的兼容，解决了创作中诸多辩证关系，体现了中西文化传统结合的当代探索。美极了！

三、画家扬名不在过多的包装宣传，而在其传道授业的影响力。但是有了名气，平台也会越来越多，越来越大。这就要看在不同层级的平台上，传播信息的价值含量。赵星的可贵之处，在于他出大名之后，一方面，依然很慎重选择宣传平台，不炒作，不炫技。始终保持清醒。另一方面，一旦出现在讲台上，就一定会认真准备，言之有物，现场教学，以他的精准体验，告诉听者创作思路和方法，让人茅塞顿开。

大西北是他的求学地，自从到南方落户后，几乎每年都要回去讲学，给美院师生讲，为专业人士讲，犹如候鸟，年年传播，带去新收获。中央电视台书画频道，专门请他去讲课。他谈到备课的体会说，在规定时间内，在灯光笼罩潜在的巨大围观压力下，边画边说，要一遍成功，实在是很紧张，常常满头大汗。但他以精湛的绘画技巧，诠释了写意人物画的创作，受益观众数千万，成为当代优秀人物画家并为人所知。这也是这次画展主题的另一种致广大。

老人群体越来越受到重视，厦门老年大学前几年成立了书画院，有幸聘请赵星先生担任老年大学书画院名誉院长。他跟我说，大家都会老，应该多为老年学员做点事。热爱书画是好事。在老年大学多次诚恳邀请下，他专门来老年大学高研班讲课。在学校几次调整课程安排的情况下，远在兰州讲学的他，专门坐飞机更改行程赶回厦门，为老年大学高研班讲课。那天，满堂精彩，感动了满座银发，两年来，有十几位知名书画家来老年大学讲学。如今，书画高级研修班已成为老年大学的品牌。正如他创作的《林巧稚》，名家的口碑，总是建立在传道授业的大爱中。

祝赵星先生画展圆满成功！

▲ 2023年，与西北民大美术学院的老师在罗家磨

周旻：学者，厦门社科联原党组书记

▲ 《日出》 138cm×68cm 2010年

第五辑　附录

大事年表

1960年	生于北京。
1966年（6岁）	于陇南武都城关二小上小学。刚上学就因"文革"停课，又回到北京爷爷奶奶家自学。
1969年（9岁）	复课，回武都城关二小直接上小学三年级。
1973年（13岁）	进入武都一中读初中、高中。
1976年（16岁）	中学毕业后赴陇南山区武都县东江公社东江水大队插队落户。
1977年（17岁）	招生制度改革后第一届考入西北师大美术系中国画专业。
1981年（21岁）	大学毕业，以优异成绩被分配至甘肃日报社担任美术编辑。
1984年（24岁）	连环画《军长之路》（合作）入选第六届全国美展。《蛇王洞》首部连环画出版并获"甘肃省首届连环画评奖"绘画一等奖。
1985年（25岁）	与兰州市歌舞团舞蹈家、甘肃省舞蹈家协会副主席种俐俐结为夫妻。
1986年（26岁）	彩墨插图《麦客》入选"全国文学插图展"（北京·中国美术馆）。
1989年（29岁）	彩墨插图《风雨草地边》入选第七届全国美展并荣获甘肃省美展一等奖。

1990年（30岁）　　女儿赵崇出生。

1991年（31岁）　　当选为甘肃省美协理事、甘肃省青联五届常委。被聘为甘肃画院院外画家。

1992年（32岁）　　6月，加入中国美术家协会。

1994年（34岁）　　4月，工作调动至厦门文学杂志社任美术编辑。中国画《花季》入选第八届全国美展。

1998年（38岁）　　随厦门美术代表团出访日本举办"厦门美术展"（日本·佐世保）。

1999年（39岁）　　《情暖雪域》入选第九届全国美展并荣获福建省第三届书画节金奖。彩墨插图《石头城》入选第九届全国美展。《高原生明月》获"当代中国青年书画展"优秀作品奖。

2000年（40岁）　　赴新加坡举办"赵星水墨画展"。

2004年（44岁）　　中国画《海峡西岸的眺望》入选第十届全国美展。

2005年（45岁）　　中国美术出版界提名"中青年国画家50人作品特展"（北京·今日美术馆）。

2006年（46岁）　　6月，工作调动至厦门书画院，先后担任负责人、副院长、院长。北京工艺美术出版社出版《中国画名家艺术研究——赵星写意人物》画集。《人间天堂》被中国美术馆收藏。
被全国近30家美术专业出版社联合推荐提名为"100位最具影响力的国画家"。在京举办大型画展，同名画集同时出版发行（北京·中华世纪坛世界艺术馆）。《写意人物》入选由中国美协国画艺术委员会等主办的"中国画名家精品展"（厦门·艺术中心）。

2007年（47岁）　　《玛曲之春》参加由中国美术出版总社等主办的"非常写意"当代名家条幅邀请展（北京·中国美术馆）。被中共厦门市委宣传部授予"厦门市宣传系统首批五个一批人才"称号。

2008年（48岁）　　获厦门市委、市政府颁发的"第四届厦门文艺奖"一等奖。

2009年（49岁）　　任福建省美协中国人物画艺委会副主任。担任厦门艺术家代表团团长出访欧洲五国进行艺术交流。获庆祝新中国成立60年福建省当代美术精品大展最高奖。

2010年（50岁）　　1月，出版《中国当代实力派画家——赵星》个人画集（天津人民美术出版社）。5月，当选为厦门市专业技术拔尖人才。9月，获得"厦门市文联系统先进工作者"称号，进入国家画院冯远工作室研修。11月，担任厦门优秀专家赴台交流团副团长，赴台湾地区交流；参加中国文联和日本世界艺术文化振兴协会主办的第八届东方美术家作品交流展，赴日本进行艺术文化交流。

2011年（51岁）　　4月，出版《翰墨绘中华——赵星》个人画集（北京文艺出版社）。9月，在国家画院举办"冯远工作室教学汇报十人展"（中国国家画院）。

2012年（52岁）　　2月，在厦门美术馆举办"春天的故事——赵星国画作品展"。5月，当选厦门市美术家协会副主席。6月，作品参加由中国美协主办的"墨彩心象——中国水墨人物画十人展"（中国美术馆）；被评为一级美术师。

2013年（53岁）　　8月，赴北欧举办"厦门美术作品展"并参加厦门美协北欧写生基地挂牌仪式。9月22日，《中国文化报》以《赵星：寻找黑白墨色中的极致表达》专版介绍赵星的艺术成就。12月3日，作品《古镇新雨》参加中国国家画院美术作品展（北京·水立方）。12月22日，创作完成巨幅国画作品《毛泽东在才溪乡调研》，参加由人民美术出版社等主办的"纪念毛泽东同志诞辰120周年·中国当代名家名人国画联展"（厦门美术馆）。

2014年（54岁）　　4月，由深德美术馆、厦门书画院主办"当代中国画家赵星画展"（厦门）。7月，作品《苏区干部好作风》荣获"福建省当代美术精品大展""第十二届全国美展选拔展"优秀奖（最高奖）；出版《盛世典藏——当代中国画百位名家精品荟萃之赵星卷》个人画集（北京工艺美术出版社）。

2015年（55岁）　　2月，参加中国美术名家印度之旅采风团赴印度采风。3月，厦门海峡书画艺术产业协会第一次会员大会当选为副会长。7月，作品参加中国国家画院国画展(福建)。

2016年（56岁）　　6月，入选中国国家画院、福建省文化厅主办的"新中国美术家——福建作品展"（中国国家画院美术馆）。10月，《晓雾朝晴大凉山》入选由中华人民共和国文化部、陕西省人民政府主办的"第十一届中国艺术节全国优秀美术作品展"（陕西省美术博物馆）。

2017年（57岁）　　2月，作品《黔东南的早晨》入选"第五届全国画院美术作品展"（江苏省美术馆）。9月，担任"金砖会晤"艺术委员会特聘专家并获"特殊贡献荣誉证书"。11月，参加厦门艺术家代表团访问美国、墨西哥,进行艺术交流；参加中国文联、中国美协采风团赴浙江丽水采风支教。12月，率厦门美术家采风团赴豫、晋、陕采风并完成主题创作、举办展览、出版画集。

2018年（58岁）　　　7月，应邀参加央视书画频道"书画频道进万家——走进平
凉"直播节目。12月，多幅作品入选"甘肃首届优秀美术家作
品特别邀请展"（甘肃美术馆）。

2019年（59岁）　　　3月，受央视书画频道邀请进京录制15集"一日一画"写意人
物画教学节目，该节目于2019年6月20日至7月4日连续播出。5
月，被央视书画频道聘请为"书画频道特聘教授"及"书画名
家作品进万家大型文化惠民活动特约画家"。9月27日，中国
画《白马诗篇》系列参加甘肃省文化和旅游厅、甘肃画院主办
的"朝圣·敦煌——甘肃画院美术创作系列工程"作品展并出
版个人专题画集。11月，厦门老年大学书画院成立，被聘为
名誉院长。11月26日，中国画《春天的脚步》教学示范片上
下集在央视书画频道"大美之春·2020美术界春晚作品展播"
播出。

2020年（60岁）　　　6月，上级给予"德艺双馨"评语，按期退休。

2022年（62岁）　　　被聘为集美大学美术学院客座教授。

2023年（63岁）　　　3月，举办"赵星写意人物"画展（厦门文联展览馆），出版
《赵星画集》（香港中国美术出版社）。8月，被聘为甘肃书
画研究院名誉院长。